GENIESSER BIBLIOTHEK

IL CAFFÈ
Kaffee

Eine heiße Leidenschaft
mit langer Tradition

Daniele Rava

Deutsch von Susanne Bunzel

FLECHSIG

Die italienische Originalausgabe ist
bei Nardini Editore in Florenz/Italien
unter dem Titel "Il Caffè" erschienen.
Redaktion: Andrea Galeazzi

Genehmigte Lizenzausgabe für Flechsig
Buchvertrieb in der Verlagshaus Würzburg
GmbH & Co. KG, Würzburg 2006
Übersetzung aus dem Italienischen
von Susanne Bunzel – Droemersche
Verlagsanstalt Th. Knaur Nachf. GmbH & Co.
KG, München

Umschlaggestaltung: Lorenzo Crinelli
Umschlaggestaltung der deutschen Ausgabe:
Silberwald – Agentur für visuelle
Kommunikation, Würzburg
Umschlagillustration: Miniatur aus der
Florentiner Schule, 15. Jahrhundert
Printed in Italy

ISBN-13: 978-3-88189-622-1
ISBN-10: 3-88189-622-8

Unser gesamtes Programm finden Sie unter:
www.verlagshaus.com

EINE LANGE TRADITION

Kaffee: eine lange Freundschaft

In der gesamten Menschheitsgeschichte gibt es wenige Getränke, die sich einer so großen und allgemeinen Beliebtheit erfreuen wie der Kaffee. Nur dem Tee wurde – zumindest in einigen Abschnitten seiner langen Geschichte – eine ähnlich große Bedeutung zuteil: Allmorgendlich, wenn sich die Sonne über den Horizont des jeweiligen Erdteils erhebt, führen Männer und Frauen jeden Standes eine Tasse Kaffee zum Munde und genießen – je nach örtlicher Gepflogenheit laut oder leise – das schwarze, heiße und köstlich duftende Getränk.
Natürlich gibt es viele verschiedene Möglichkeiten, Kaffee zuzubereiten. Das arabische Verfahren ist vermutlich das älteste; es setzte sich im Laufe der Zeit auch in der Türkei und in Griechenland durch. Dort erhitzt man ein Gefäß mit langem Stiel und engem Ausguß direkt über dem Feuer. Gemahlener Kaffee und Zucker werden in das Gefäß

gegeben und mit Wasser aufgekocht. Dadurch steigt der gemahlene Kaffee nach oben. Der Kaffee muß zweimal aufkochen und sich zweimal setzen. Dann kann das schwarz-dicke und brodelnde Getränk in winzigen Tassen ohne Henkel serviert werden.
Bei der traditionellen neapolitanischen Methode wurde die Kaffeekanne auf den Kopf gestellt. Dadurch sickerte das heiße Wasser durch ein Sieb mit gemahlenem Kaffee und tröpfelte als dicke, vollaromatische Flüssigkeit wieder heraus, die allein schon durch ihren Geruch sämtliche Lebensgeister weckte.
Dann gibt es die amerikanischen Kaffeemaschinen mit ihren großen Glaskannen, von denen das schwarze und heiße Getränk direkt in Kaffeebecher geschenkt wird. In Skandinavien und Mitteleuropa und im angelsächsischen Bereich trinkt man Kaffee, der nicht so schwarz wie türkischer Kaffee oder Espresso ist, sondern eher braun, was nicht zuletzt auf die unterschiedliche Röstung der Bohnen zurückzuführen ist. In Indien und Indonesien kennt man Zubereitungen mit Milch und Sahne. Jede Nation hat praktisch ihr eigenes Verfahren zur Kaffeebereitung. Nur in China und Japan hat sich Kaffee als morgendlicher Muntermacher nie durchgesetzt. Dort wurde und wird zu diesem Zweck Tee getrunken. Selbst ein leichter Aufguß mit wenigen Teeblättern, die im heißen Wasser schweben, tut seine Wirkung.

Die indischen Soldaten, die während des Zweiten Weltkriegs im Dienste der englischen Krone standen, lernten schnell den Unterschied zwischen dem belebenden Kaffee und Tee, der mit ungeheuren Mengen Milchpulver angerührt wurde, so daß der Löffel gleichsam darin steckenblieb. Doch zur Verteidigung des Tees sei angeführt, daß auch der helle Aufguß Thein enthält, das in seiner Wirkung Koffein gleicht, das, in Unmengen genossen, einer starken Droge gleichkommt.

Eine besondere Augenweide ist das Geschehen in einer italienischen Espressobar: die Gesichter der Kunden und des Barkeepers verschwinden quasi hinter dem Dampf der fauchenden Espressomaschine, während die Kunden aufmerksam und voller Vorfreude dem

Espresso zusehen, wie er tröpfchenweise in die kleinen Täßchen sickert.
Auch beim Espresso gibt es viele Spielarten: Man trinkt ihn *macchiato*, also mit einem Schuß (geschäumter) Milch, oder *corretto*, d. h. mit einem Schuß Grappa oder Likör, oder aber *ristretto*, also besonders stark. Immer jedoch ist der Espresso dick, vollaromatisch und heiß. Er fließt in den Magen hinunter und belebt sofort Nerven und Gehirn – der Tag ist wieder einmal gerettet. Auf einmal schwatzt man gerne mit den Sitznachbarn im Bus oder mit dem Schutzmann an der Ampel. Man wird nachsichtig, aktiv und arbeitet wieder gerne. Und außerdem ist man zuvorkommend gegenüber anderen, übernimmt auch undankbare Aufgaben in der – fast immer erhörten – Hoffnung, daß man in ein paar Stunden an der Bar an der Ecke oder zumindest am Automaten am anderen Ende des Ganges wieder ein Täßchen Espresso schlürfen darf, das

dann die restlichen Stunden des Tages meistern hilft.
Die italienischen Hausfrauen beginnen ihren Arbeitstag ebenfalls mit einem Espresso. Die Büroangestellten steigen aus dem Bus und gehen in die nächste Bar. Die Schaffner huschen während des Aufenthalts ihres Zuges an die Espressobar am Bahnsteig und wärmen sich an einem kalten Wintermorgen mit einem Schluck Espresso. Die Bauern trinken ihren ersten Espresso mit einer Scheibe gebratenem Speck zum Frühstück im allerersten Morgengrauen. Die Fabrikarbeiter umschließen mit der rechten Hand die Espressotasse, während sie mit der linken bei Gewerkschaftsdiskussionen wild herumgestikulieren. Und die feinen »Bürofräulein« schürzen ihre rot geschminkten Lippen und führen eine kleine weiße Espressotasse zum Munde, wobei der kleine Finger würdevoll nach außen gestreckt wird. Espressotrinken – in ganz Italien ein Ritual.

Ein altes arabisches Sprichwort besagt, daß Kaffee »heiß wie die Hölle, schwarz wie Tinte und süß wie die Liebe« getrunken werden müsse. Die Wurzeln arabischen Wissens reichen weit zurück und haben ihren Ursprung in den alten Hochkulturen Mesopotamiens und Ägyptens. Bereits sehr früh hatte man dort herausgefunden, daß Kaffee eine belebende Wirkung besitzt und deshalb eher als Heilmittel denn als gewöhnliches Getränk gelten mußte. In unserer westlichen Phantasie, die nicht immer frei von Vorurteilen ist, gilt der Kaffee als das klassische Getränk, das Scheichs und islamische Religionsführer ihren Gästen im Beduinenzelt kredenzen ließen – doch traditionsgemäß wird fast überall im Orient Tee getrunken.

Die Bestandteile des Kaffees

Kaffee wirkt anregend auf die Gehirntätigkeit, verbessert das Denkvermögen und die praktische Umsetzung von Gedanken, erhöht die Konzentrationsfähigkeit und regt die Phantasie an,

steigert die Kreativität, verbessert die Artikulationsfähigkeit, wirkt als Stärkungsmittel, mindert das Müdigkeitsgefühl und stimuliert den Muskeltonus. Soweit die medizinischen Forschungsergebnisse. Allerdings ist Kaffee so belebend, daß er auch nachts wach hält.

Doch woher kommen nun all diese Eigenschaften?

Jede Kaffeebohne enthält durchschnittlich zehn Prozent Wasser und ebenso viele stickstoffhaltige Substanzen, etwa zehn Prozent Fett und Zucker, vierundzwanzig Prozent Zellulose, acht Prozent Gerbsäure, geringe Mengen flüchtiges Öl, Asche und schließlich Koffein, eine Substanz, die wie das Thein und das im Kakao enthaltene Theobromin zur Gruppe der Xanthine gehört.

Es handelt sich dabei, einfach ausgedrückt, um eine Substanz, die das Nervensystem beeinflußt. Koffein stimuliert das Nervensystem, die Herz- und Muskeltätigkeit und steigert die Sinneswahrnehmung. Koffein besitzt außerdem gefäßerweiternde Wirkung, wodurch mehr Blut und damit mehr Sauerstoff ins Gehirn transportiert wird. Hundert Gramm gerösteter Kaffee enthalten zwischen einem und drei Gramm Koffein (der genaue Prozentsatz hängt von der jeweiligen Sorte ab: Mokka, Java, Santos, Costa Rica, Ceylon ...). Mit heißem Wasser werden ungefähr achtzig Prozent des Koffeins aus dem gemahlenen Kaffee gelöst. Ein Täßchen Kaffee enthält somit zwischen fünfzig und hundertfünfzig Milligramm Koffein. Je nach Zubereitungsmethode schwankt der Koffeingehalt dann noch einmal. Neapolitanischer Espresso enthält hundertfünfzig, Espresso aus einer großen Maschine etwa achtzig Milligramm Koffein. Auch wenn Kenner auf die typische Schraubkanne schwören – der Espresso aus der Bar ist wesentlich bekömmlicher.

Das Koffein

Der deutsche Chemiker Friedlieb Ferdinand Runge entdeckte 1820 als erster das Alkaloid Koffein in dem Aufguß, der aus Kaffeebohnen bereitet wurde. Wenig später wurde der Wirkstoff auch von an-

deren Wissenschaftlern isoliert. In der Tat untersuchten Robiquet, Pellettier, Caventou, Mulder und später auch Jobst den Stoff in eingehenden Studien. Ungefähr zur selben Zeit stellten Oudry, Günther und andere Forscher fest, daß das in den Teeblättern enthaltene Thein dieselbe chemische Zusammensetzung wie Koffein ($C_8H_{10}N_4O_2$) aufweist.
Das Koffein, ein Alkaloid aus der Gruppe der Purine,

ist eine weiße Substanz, die bei 217 Grad schmilzt, in Wasser und Alkohol löslich ist und nicht nur in dem Aufguß aus gemahlenem Kaffee oder Teeblättern enthalten ist, sondern auch in den Früchten der Guarana-Pflanze (*Pullinia sorbilis*), die in den Wäldern Südamerikas gedeiht. Aus ihren schwarzen Samen, die geröstet und gemahlen werden, bereiten die Indios die gleichnamige Arznei, die bei Neuralgien und Migräne eingesetzt wird. Koffein ist außerdem in der Kolanuß (*Cola acuminata*) enthalten, die wie die Kakaopflanze zu den Sterkuliengewächsen gehört. Die Frucht war den Europäern bis 1830 unbekannt. Afrikanische Völker kauten die Samen jedoch wegen ihrer belebenden Wirkung. Die Kolanuß wird in der Pharmazie zur Herstellung von verdauungsfördernden Mitteln verwendet und

ist außerdem Bestandteil des wohl berühmtesten Erfrischungsgetränks der Welt. Um Koffein für therapeutische Zwecke zu gewinnen, wird Kaffee zuerst mit Wasserdampf und anschließend mit leichtflüchtigen Lösungsmitteln wie Benzol und Dichlormethan behandelt. Sobald das Lösungsmittel, das das Koffein isoliert hat, abgeschieden wird, kann der Kaffee geröstet und als Genußmittel verwendet werden.

Es muß jedoch immer wieder darauf hingewiesen werden, daß übermäßiger Kaffeegenuß gesundheitsschädlich ist. Andererseits genügt es bereits, das Kaffeetrinken zu reduzieren oder einzustellen, um die unangenehmen Nebenwirkungen auszuschalten.

Kaffee für jeden Geschmack

Die Verträglichkeit von Kaffee ist wie beim Wein oder Alkohol im allgemeinen bei jedem Menschen unterschiedlich. Manche Leute schlafen sogar besser, wenn sie kurz vor dem Zubettgehen noch eine Tasse Kaffee trinken, während depressiv veranlagte Menschen Schlaflosigkeit und melancholische Zustände fürchten müssen.
Bei einigen Kaffeetrinkern zeitigt das Getränk verdauungsfördernde Wirkung, bei anderen unangenehme Magenübersäuerung. Kaffee steigert in der Tat die Sekretion von Salzsäure im Magen. Wer also an einem Magen- oder Zwölffingerdarmgeschwür leidet, sollte ebenso wie Menschen, die zu Koliken neigen, Kaffee meiden. Denn der Kaffee regt die Peristaltik an, kann zu Krämpfen und Verstopfung führen.
Die verdauungsfördernde Wirkung gilt ausschließlich für Hypochlorhydriker, ansonsten handelt es sich dabei nur um eine Einbildung, die durch die Wärme des Getränks vermittelt wird. Ungesüßter Kaffee regt den Appetit an, gezuckerter Kaffee dämpft den Hunger.

Entgegen einer weitverbreiteten Meinung enthält gebrühter oder Filterkaffee mehr Koffein als Espresso (größere Kaffeemenge). Die belebende Wirkung des Getränks ist jedoch nicht allein dem Koffein, sondern auch den Aromastoffen, die sich während der Zubereitung entfalten, zuzuschreiben. Alter und aufgewärmter Kaffee besitzt diese Substanzen nicht mehr und zeitigt längst nicht dieselbe Wirkung!

Entkoffeinierter Kaffee

Im sogenannten »entkoffeinierten« Kaffee ist nur noch sehr wenig Koffein, aber noch das gesamte Aroma des »normalen« Kaffees enthalten. Der Koffeingehalt einer Tasse entkoffeinierten Kaffees liegt bei zehn Milligramm gegenüber hundertfünfzig Milligramm im unbehandelten Kaffee. Entkoffeinierter Kaffee ist demnach selbst für Menschen mit Herzbeschwerden oder hohem Blutdruck geeignet.
Viele Extraktionsverfahren arbeiten mit Lösungsmitteln, die fast immer aus Trichloräthylen bestehen. Dieses Lösungsmittel wirkt auf die grünen Kaffeebohnen ein, die zuvor in Wasser eingeweicht wurden. Dabei entstehen Verbindungen, die selbst beim Rösten nicht verlorengehen. In einem Kilogramm gerösteten Kaffees bilden sich zwei bis drei Milligramm Methylenchlorid, das zwar

nicht direkt schädlich, aber auch nicht unbedingt gesund für den Organismus ist. Für den Verbraucher ist in diesem Fall jedoch am wichtigsten, daß das Koffein, das oft zu Unrecht für die übermäßigen Auswirkungen auf das Nervensystem verantwortlich gemacht wird, aus dem Kaffee gelöst wurde.
Einige Wissenschaftler behaupten jedoch, daß sich der Genuß von entkoffei-

niertem Kaffee nie vollständig durchsetzen wird. Denn dabei handelt es sich schließlich um nichts anderes als um die letzte Rettung für unverbesserliche Kaffeetrinker. Es ist also allemal empfehlenswerter, normalen Kaffee, aber dafür in verträglichen Mengen zu trinken.

Der Espressogenuß erreichte in Italien Mitte der achtziger Jahre mit 2650 Tonnen nie gekannte Höhen. Spitzenreiter waren dabei die Regionen Lombardei, Latium und Sizilien, während in den Marken, in Ligurien und Umbrien, in der Basilikata und in Sardinien verhältnismäßig wenig getrunken wurde. Aus dem Datenmaterial geht außerdem hervor, daß der Verbrauch von entkoffeiniertem Kaffee in den letzten Jahren immerhin bei vierhundert Tonnen jährlich lag, während vom löslichen Kaffee nur zweihundertachtzig Tonnen getrunken wurden.

Von der Pflanze in die Tasse

Vom Kaffeestrauch *Coffea* gibt es ungefähr vierzig verschiedene Arten. Am weitesten verbreitet sind *Coffea arabica* und *robusta* sowie *Coffea liberica, stenophylla, mauritana, congensis, excelsa* ... Von diesen sind *robusta, liberica* und *arabica* am widerstandsfähigsten. Die einzelnen Kaffeesorten werden dann weiter nach Anbaugebieten unterschieden.
Der Kaffeestrauch – die Kaffeebohne ist der geröstete Samen der Pflanze – gehört zur Familie der Rubiaceae oder Rötegewächse und stammt höchstwahrscheinlich aus Äthiopien. Heute wird Kaffee fast in allen Teilen des tropischen Afrika, Asien und Amerika angebaut.

Für Kaffeeanbau benötigt man ein konstantes Klima mit Temperaturen zwischen 15 und 25 Grad sowie feuchten Boden in geschützten Hanglagen. Die Pflanzen können im Wildwuchs eine Höhe von acht bis neun Metern erreichen. Um die Ernte zu erleichtern, werden die Pflanzen auf den Kaffeeplantagen allerdings auf höchstens drei Meter gestutzt.

Die Kaffeepflanze hat ovale Blätter, die gepaart einander gegenüberstehen, weiße, duftende Blüten, die in Trauben beieinanderstehen, und bringt kleine runde Früchte (Kirschen) hervor. Die Pflanze trägt ungefähr vom dritten bis zum dreißigsten Jahr Früchte. Der Ertrag liegt bei eineinhalb bis zwei Kilo pro Jahr und Pflanze. In Brasilien belaufen sich die jährlichen Erträge auf vierhundert Kilo pro Hektar, in Kolumbien auf sechshundert, und in einigen feuchten und heißen Gebieten können sie sogar bei acht- bis neunhundert Kilo pro

Hektar jährlich liegen. Die in der Frucht enthaltenen Samen (meistens zwei) sind nach außen gewölbt und von einer Furche durchzogen.
Manchmal bildet die Frucht – vor allem bei der *Coffea arabica* – nur einen Samen heraus, der dann groß und rund wird.
Der Samen wird nach der »trockenen« oder nach der »nassen« Methode aus der Frucht gelöst.
Beim ersten Verfahren werden die Kaffeekirschen in der Sonne zum Trocknen ausgelegt, die Samen werden vom Fruchtfleisch befreit und nach Größe und Farbe sortiert und gereinigt.
Bei der nassen Aufbereitung werden die Früchte gewaschen und entkernt. Danach erfolgen Gärung und Reinigung der Samen.
Der Ausstoß liegt bei rund zwanzig Kilo Kaffee pro hundert Kilo Kirschen.
Die Kaffeebohne ist verhältnismäßig empfindlich. Gerade einmal sechs Stunden nach der Ernte kann sie bei entsprechender Temperatur und Luftfeuchtigkeit zu gären beginnen und sauer werden. Um dies zu verhindern, müssen ausreichende Wasserreserven bereitgehalten werden – was in heißen Ländern manchmal nicht so einfach ist.
Bei der trockenen Aufbereitung, die wir oben kurz erwähnt haben, erhält man die Kaffeesorten, die in Brasilien *corrientes* genannt werden. Aus der nassen Aufbereitung erhält man die sogenannten *lavados* – die »gewaschenen« Bohnen –, die

in puncto Qualität den trocken aufbereiteten Bohnen bei weitem überlegen sind. Dennoch ist die trockene Aufbereitung weiter verbreitet. Sie ist einfacher. Die Kaffeekirschen werden dazu in den sogenannten *terreiros*, also Tennen oder Darren, unter freiem Himmel ausgebreitet und trocknen in der kräftigen Sonne, bis sie runzlig werden und eine ledrige Hülle bekommen. Während der Trocknungsperiode werden die Früchte regelmäßig mit Spaten gewendet, damit sie von allen Seiten gleichmäßig trocknen können. Die Aufbereitung dauert mehrere Tage, und nur die Augen von erfahrenen Fachleuten können den richtigen Trocknungsgrad der Früchte bestimmen. Danach wird mit entsprechen-

den Maschinen das Fruchtfleisch abgeschält. Zuvor jedoch werden die Früchte gesiebt und nach Größe sortiert. Die Schälmaschinen entfernen die harte Rinde und sind eigentlich nichts anderes als runde Mahlsteine, die die Früchte zerquetschen. In den rotierenden Trommeln sitzen gebogene Klingen, die die Früchte schälen, aber nicht alle Unreinheiten entfernen können. Deshalb läßt man die Bohnen auf Schüttelsiebe fallen, die den Kaffee von Erde, Staub, Steinchen oder Metallteilen befreien.

Die nasse Aufbereitung ist teurer. Bei diesem Verfahren wird das Wasser durch Kanäle und Rinnen geleitet. Die Kaffeekirschen passieren dabei verschiedene Siebe und werden schließlich von ihrer Schale befreit. Die Kaffeebohnen kommen danach zwei Tage lang in Gärkammern, in denen die Zuckerschicht abgewaschen wird. Danach kommen die Bohnen in gut gelüftete Kammern oder werden in der prallen Sonne ausgebreitet, wo sie binnen drei bis vier Tagen vollständig trocknen. Wenn es das Klima erfordert – wie im brasilianischen Hochland –, werden diese Darren auch künstlich beheizt. Die getrockneten Bohnen kommen anschließend in die sogenannte *brilladora*, eine Bronzeröhre, die den Bohnen einen appetitlichen Glanz verleiht. Bei diesem Arbeitsvorgang werden mit Hilfe von entsprechenden Sieben außerdem die »flachen« von den fälschlicherweise als »mokka« be-

zeichneten Bohnen getrennt: die flachen Bohnen teilen sich zu zweit eine Samenkapsel, die »mokka« gedeihen allein in einer Frucht und sind daher runder und größer als die anderen Bohnen.
Die Kaffeebohnen werden an die großen Röstereien verschickt, wo sie in großen, rotierenden Trommeln gleichmäßig geröstet werden können.
In den Kaffeeröstereien von industriellem Maßstab, die in den großen Handelshäfen ihren Sitz haben, kümmert man sich heute meist mehr um eine schöne Präsentation des Produkts als um seine

Qualität. Trotzdem gibt es zwischen den einzelnen Kaffeesorten immer noch große Unterschiede.

Die Röstung fällt je nach Geschmack heller oder dunkler aus (z. B. hell für deutschen Bohnenkaffee, dunkel für italienischen Espresso), und der Kaffee erhält dabei ein ausgewogenes Aroma.

Im Laufe seiner Verarbeitung verliert der Kaffee etwa zwanzig Prozent seines Eigengewichts, nimmt aber zwischen fünfzehn und fünfundzwanzig Prozent an Volumen zu.

Ist die Verarbeitung abgeschlossen, werden die Bohnen oder der gemahlene Kaffee in Tüten verpackt und in den Handel gebracht.

Zur Röstung gehören auch die sogenannten »Mischungen«. In der Tat bekommt man heute im Laden oder im Kaffeehaus selten den Kaffee einer einzelnen Sorte. Vielmehr versuchen die großen Kaffeeröstereien immer bessere

Mischungen aus der Röstung und Vermahlung verschiedener Kaffeetypen zu kreieren.
Normalerweise ist die nach den oben beschriebenen Methoden extrahierte Kaffeebohne bereits fertig zum Export. Meistens werden die Bohnen dann jedoch noch poliert, gefärbt, gebürstet und allerlei sonstigen Behandlungen unterzogen, die das Produkt schöner machen sollen. Nur sehr selten gelangt der Kaffee als ganze Frucht nach Europa (wo der mei-

ste Kaffee getrunken wird). Die Bohnen werden in der Regel nackt und ohne Schale verschickt.
Die Handelsbezeichnungen leiteten sich bis vor wenigen Jahren noch von den Anbauländern ab. Heute unterscheidet man die Kaffeesorten nach rein kommerziellen Gesichtspunkten und Markennamen.

Die wichtigsten Sorten und Anbauregionen:
Arabischer und afrikanischer Kaffee: Mokka, Mokka Shortberry, Mokka Longberry, Kaffee aus Réunion, liberischer Kaffee, Kaffee vom Rio Nuñez, von San Tomè und aus Madagaskar
Kreolischer Kaffee: Puerto Rico, Guadeloupe, Santo Domingo, Jamaika
Kaffee aus Nord- und Mittelamerika: Mexiko, mexikanischer Mokka, Sierra, Veracruz, Guatemala, Salvador, Nicaragua, Honduras, Costa Rica
Südamerikanischer Kaffee: Brasilien, Santos, Venezuela, Kolumbien, Guyana, Bolivien, Ecuador, Peru
Ostindischer Kaffee: Java, Sri Lanka

HERSTELLUNG
UND GESCHICHTE
DES KAFFEES

Die Herstellung

Das Kaffeejahr stimmt nicht mit dem Kalenderjahr überein, sondern dauert vom 1. Oktober bis zum 30. September des folgenden Jahres. Das Kaffeejahr hängt vom Klima des Anbaulan-

des ab (so ging beispielsweise die brasilianische Produktion von 1983/84 wegen langer Frostperioden auf den Hochebenen drastisch zurück).
Gegenwärtig nimmt allein die Sorte *arabica* ungefähr achtzig Prozent des weltweiten Kaffeeanbaus ein. Man darf sich dabei nicht täuschen lassen von Sortenbezeichnungen für einige Kaffeesorten wie Sumatra, Mokka, Blue Mountain – es handelt sich immer um *Coffea arabica*, die je nach Anbaugebiet einen anderen Namen erhält.
An zweiter Stelle steht *Coffea robusta*, die im großen und ganzen der *arabica* ähnelt. Die Pflanzen wachsen jedoch etwas höher und haben eine schirmförmige Blätterkrone. Ihr Name deutet bereits

an, daß sie widerstandsfähiger gegenüber Krankheiten, Schädlingen und Klimaschwankungen sind. Die *robusta* wird in den sehr heißen Regionen Afrikas, Indiens und Indonesiens angebaut. Die Sorte *liberica* stammt - natürlich - aus Liberia, während die Sorte *excelsa* (die der *arabica* ebenfalls stark ähnelt) in Kamerun, Westafrika und Indonesien angebaut wird. Sie hält auch längeren Trockenperioden stand. Im Staat Elfenbeinküste gedeiht wild die Sorte *stenophylla*, die kurioserweise fast immer nur eine Bohne herausbildet.
Die jährliche Kaffeeproduktion nimmt weltweit dasselbe Volumen wie Tabak ein und entspricht der Hälfte der Baumwollproduktion. Mit mehr als fünfzehn Millionen Doppelzentnern Kaffee ist Brasilien das wichtigste Erzeugerland, gefolgt von Kolumbien mit mehr als sechseinhalb Millionen Doppelzentnern. An dritter Stelle steht Indonesien mit acht Millionen. Mit größerem Abstand folgen Mexiko, Elfenbeinküste, Vietnam, Indien, Guatemala, Äthiopi-

en, Uganda und Ecuador. Weitere Länder, die hochwertigen Kaffee anbauen, sind die Philippinen, Costa Rica, Kenia, Kamerun, Zaire, El Salvador, Peru und Venezuela. Insgesamt werden weltweit jährlich mehr als einundsechzig Millionen Doppelzentner Kaffee erzeugt.
Die Kaffeepflanze benötigt ein warmes und gemäßigtes Klima. Ihr größter Feind ist der Frost, der in Höhenlagen auch in den Tropen vorkommen kann. Sie gedeiht auf stickstoff- und kaliumhaltigen sowie gut gewässerten Böden und benötigt ein gewisses Quantum an Niederschlägen. Zuviel Sonnenlicht – das in Äquatornähe besonders stark ausfällt – schadet den Kaffeepflanzen, die denn auch oft durch höhere, schattenspendende Bäume geschützt werden.

Eine »robuste« Pflanze

Ungefähr zwanzig verschiedene Krankheiten können die Kaffeepflanzen befallen. Sie greifen Wurzeln, Stamm, Blätter oder Früchte an. Dabei handelt es sich um Pilz- oder Schimmelbefall und Rost, welche durch Pflanzenschutzmittel auf der Basis von Kupfersulfat und Kalk bekämpft werden. Heute besitzen die großen Kaffeeanbauer natürlich die nötigen Mittel, um diesen Krankheiten zu begegnen, während sich früher oft regelrechte Epidemien ausbreiteten. Der schlimmste Schädling der Kaffeepflanze ist jedoch ein mikroskopisch kleiner Pilz aus der Familie der Uredineen oder Rostpilze, der die Blätter angreift und in der Folge den Tod der Pflanze herbeiführt. Vermutlich trat der Pilz erstmals in der zweiten Hälfte des neunzehnten Jahrhunderts auf Sri Lanka auf: Von dort verbreitete er sich über Südasien und Ozeanien, befiel die Plantagen Afrikas, verschonte jedoch die Pflanzungen Brasiliens und der übrigen mittel- und südamerikanischen Länder. In vielen Ländern, in denen der Pilz sich ausbreiten konnte und in kurzer Zeit die Ernte vernichtete, wurde daraufhin statt der *Coffea arabica* die *Coffea robusta* angebaut, die dem Schädling gegenüber widerstandsfähiger ist.

Die Kaffee-Ernte

Eine Fahrt durch das Kaffee-Hochland ist besonders schön gegen Ende der Trockenzeit. Dann gehen die ersten Regengüsse aus den Wolken nieder, die vom Meer gegen die Berge getrieben werden. Die Berghänge sind dann mit Blüten übersät: kleine weiße und stark duftende Blüten stehen dicht beisammen und formen kleine Kugeln am Blattansatz.
Sobald die Blüten abfallen, reifen die Früchte heran. Die Ernte erfolgt in manchen Ländern wirklich erst dann, wenn die Früchte vollreif sind. Denn die Ern-

tearbeiter suchen die Pflanzen in mehreren Durchgängen ab und ernten jeweils nur die ausgereiften Früchte. In Brasilien dagegen werden die Pflanzen in einem einzigen Arbeitsgang abgeerntet. Der Leiter der Plantage setzt einen »mittleren« Reifepunkt fest, bei dem dann zwar die meisten Früchte reif, einige jedoch bereits vertrocknet und andere wieder noch unreif sind. Dadurch werden die Erntekosten gesenkt, denn eine einzige Ernte ist natürlich wesentlich billiger als die differenzierte Lese.

Die Gerätschaften

Lange Zeit ging die Geschichte des Kaffees einher mit der Geschichte der Kaffeemaschinen. Seit die Eigenschaften des schwarzen Getränks bekannt sind, haben die Menschen immer nach der bestmöglichen Form der Zubereitung gesucht. Zunächst mußte man einmal herausfinden – was erst nach einiger Zeit geschah –, daß die wertvollen Bohnen geröstet werden müssen. Dann mußten die gerösteten Bohnen aber auch gemahlen werden. Und hier ließen die Menschen ihrer Phantasie freien Lauf. Zunächst erfolgte das Mahlen oder Zerstoßen in einem Mörser, die verschiedenen Kaffeemühlen kamen erst sehr viel später auf und läuteten gleichsam eine Revolution ein. Fast jeder Leser wird sich an die »typisch altmodischen« Kaffeemühlen erinnern oder hat sie zumindest auf dem Flohmarkt, auf alten Aufnahmen oder Gemälden gesehen. Doch bis zur würfelförmigen Holzschachtel mit einem Fach für die Bohnen, einer Kurbel und einer Schublade für den gemahlenen Kaffee war es ein langer Weg. Von Anfang an (die ersten Kaffeehäuser wurden Anfang des sechzehnten Jahrhunderts in Byzanz eröffnet) war die natürlichste und am weitesten verbreitete Methode der Kaffeebereitung das Auskochen des gemahlenen Kaffees in Wasser. Doch da traten bereits die Schwierigkeiten auf. Der gemahlene Kaffee setzte

sich am Boden des Kochers ab und konnte nur schwer von der schwarzen und aromatischen Flüssigkeit getrennt werden. In Äthiopien, das als älteste Kaffeenation gilt, soll die erste Kaffeekanne erfunden worden sein, bei der sich der Satz am Boden absetzen konnte, bevor der Kaffee getrunken wurde. Doch schon bald tauchte in der Türkei – vielleicht über Arabien – und überall im riesigen Osmanischen Reich des sechzehnten Jahrhunderts der sogenannte *ibrik* auf: Man füllt den gemahlenen Kaffee in dieses Gefäß, dann läßt man ihn

mehrmals mit Wasser aufkochen und wartet, bis sich der Kaffeesatz am Boden absetzt. Der *ibrik* ist praktisch der Vorfahr des modernen *jisvi*, das auch heute noch in der Türkei und in Griechenland verwendet wird.
Als Ende des siebzehnten Jahrhunderts auch in Europa ein Verfahren zur Herstellung von Porzellan entdeckt wurde (zuvor kam Porzellan ausschließlich aus China), mußte man schnell einsehen, daß man darin keinen Kaffee kochen konnte. Man versuchte es zwar, doch die Ergebnisse ließen zu wünschen übrig. Der gemahlene Kaffee konnte nicht das Aroma und den Geschmack entfalten, den man mit dem (meist kupfernen) *ibrik* oder *jisvi* erzielte. Man versuchte daraufhin, den gemahlenen Kaffee in ein Stoff- oder Papiersäckchen zu füllen und dieses mit kochendem Wasser aufzugießen (ein Verfahren analog den Teebeuteln, welche aber von Teekennern abgelehnt werden). Man erhielt jedoch nur dann, wenn das Wasser in feinsten Silbergefäßen gekocht wurde, ein Getränk, das dem orientalischen Kaffee zwar nicht gleichkam, aber zumindest ähnlich war. Aber man konnte schließlich nicht erwarten, daß auf einmal jeder mit feinem Silber hantierte!
Man mußte sich also ein neues Verfahren ausdenken, mit Materialien arbeiten, die allgemein verfügbar waren. Man untersuchte verschiedene Samowar-Typen, die man in Osteuropa und vor allem

in Rußland zur Herstellung von Tee verwendete. Man erhielt einen Kaffeekocher, in den man eine Art Tauchsieder hängen und das Getränk damit warm halten konnte. Hier ließen sich auch die mit Kaffee gefüllten Gazesäckchen verwenden. Die Samowars wurden von unten befeuert und erhitzt. Und hier nahm nun der Wettlauf um die Konstruktion der bestmöglichen Kaffeemaschine ihren Anfang. Auch der Klerus, der dem Kaffee gerne zusprach, beteiligte sich. In der Tat machte der Erzbischof von Paris, de Belloy, einen bestimmten Kaffeemaschinentyp populär, der sich im deutschsprachigen Raum zur »Umkehrkanne« weiterentwickelte und zur Vorfahrin der neapolitanischen Kaffeekanne wurde.
Anfang des neunzehnten Jahrhunderts wurde in Deutschland eine Maschine entwickelt, in der das kochende Wasser nach dem Kolbenprinzip durch ein Rohr gedrückt wurde und schließlich auf den gemahlenen Kaffee tropfte. Als dann in Frankreich der Spirituskocher mit automatischer Abschaltvorrichtung erfunden wurde, setzte man ihn schon bald zur Kaffeebereitung ein, denn der Kaffee war fertig, sobald sich der Kocher ausschaltete. Fast ein Jahrhundert später wurde daraus unsere moderne Kaffeemaschine.
Doch bereits 1839 wurde ein ähnliches Gerät in England patentiert.
Es folgte der Versuch des Engländers James Napier. Er entwickelte ein Ver-

fahren mit zwei Behältern: Der untere enthält Wasser und gemahlenen Kaffee, der obere (eine Glaskugel) das fertige Getränk, das beim Kochen durch ein gewundenes Rohr aufsteigt. Diesem Gerät war in Großbritannien großer Erfolg beschieden, wurde es in der Viktorianischen Zeit doch in zahlreichen, oft versilberten Exemplaren hergestellt.
Zu jener Zeit entwickelte man auch eine Maschine in Form einer Lokomotive. In Italien baute man den berühmten »Toselli-Zug« aus Steingut, rosa Glasur und Blumendekor, wie es eben die Mode der Zeit verlangte. Mit dem »Zug« konnte, wenn der hintere »Kessel« mit Wasser gefüllt war, rückwärts ausgegossen werden. Der Deckel des Spirituskochers war

offen und fiel erst durch das Gewicht der Flüssigkeit, das sich auf den vorderen Teil verlagerte, zu. Die »Toselli-Züge« gab es in unterschiedlichen Ausfertigungen. Einige wurden sogar nach ganz speziellen Kundenwünschen angefertigt und trugen den Namen von adeligen Damen, Wappen oder Symbole des Adelshauses, für das sie bestimmt waren. Bei manchen Modellen befand sich anstelle des Führerhäuschens eine Zuckerdose. In England trieb die Herstellung von »Kaffee-Lokomotiven« wahre Blüten. Sie waren nach dem Prinzip von robusten Dampfmaschinen gebaut, die der Vater von James Napier entwickelt hatte. Im Londoner Railway Museum steht eine Kaffeemaschine, die einer Firefly-Lokomotive, die auf der Great Western Line eingesetzt wurde, nachgebaut ist. Auf einer Seite des Führerhäuschens erscheint das Wappen des englischen Königshauses. Ende des neunzehnten Jahrhunderts verloren die Kaffeemaschinen jedoch an Eleganz (es gab keine neuen

Lokomotiven oder andere Extravaganzen mehr), und man begann mit der Herstellung von praktischeren Gerätschaften für den Hausgebrauch.

Kaffee als Zahlungsmittel

Als sich das Osmanische Reich auf Griechenland und den Balkan ausdehnte, mußte Venedig auf den Handel mit den wertvollen Gütern verzichten, die lange Zeit praktisch das Monopol der Stadt gewesen waren. Etwas unerwartet trat dann die Witwe Jakobs II., die Venezianerin Caterina Cornaro, Zypern an Venedig ab. Venedig erhielt die Insel 1498 und baute Famagosta zum Marinestützpunkt und zur mächtigsten Festung des gesamten Mittelmeers aus. Nach einigen Jahren tauchten denn auch an den Molen und in den Gassen der Städte Larnaka und Pafos nach dem Modell Byzanz' die ersten Schankstuben für die Matrosen der Serenissima auf. Natürlich trank man damals bevorzugt Tee, doch hielten sich auf der Insel auch zahlreiche Osmanen auf, die bereits dampfenden Kaffee zu sich nahmen. Damals wurde das Getränk jedoch noch mit heißem Wasser verdünnt.
Venedig war inzwischen die einzige Seerepublik, die mit aller Macht die letzten Handels- und Marinestützpunkte im Osten verteidigen mußte. Spanien und Portugal (die sich nach Westindien ori-

entierten, woher sie ihre Rohstoffe bezogen) entdeckten neue Länder und richteten in arabischen Küstenstädten Stützpunkte ein, wo sie bald auch den Kaffeehandel beherrschten.
Ende des fünfzehnten Jahrhunderts erlebte Venedig eine regelrechte Krise, als Kolumbus Amerika entdeckt hatte. Als Folge dieser Wirtschaftskrise kosteten Kaffee und indischer Pfeffer in Alexan-

dria achtzig Golddukaten pro Doppelzentner, während dieselbe Menge Pfeffer in Lissabon trotz der langen Umsegelung Afrikas nur zwischen zwanzig und dreißig Dukaten kostete.
Die Landwege in den Orient waren für Venedig nicht mehr passierbar. Die ein-

zige zukunftsträchtige Einnahmequelle schien von nun an der Import von Kaffee zu sein, jener neuen Droge, die Venedig aus dem Mittleren Orient und aus Äthiopien beziehen konnte. Mitte des sechzehnten Jahrhunderts begannen die venezianischen Galeeren den Kaffee säckeweise nach Europa zu bringen. Der Kaffee wurde in Venedig geröstet und weiter in alle Regionen Europas versandt. Zahlreiche europäische Kaufleute eröffneten wieder ihre ehemals blühenden Handelskontore, nachdem viele von ihnen nach Lissabon an die Ufer des Tejo verlagert worden waren.

Denn in der ersten Hälfte des sechzehnten Jahrhunderts hatten die Portugiesen die Insel Sokotra vor Kap Guardafui an der Nordostspitze von Somalia besetzt (von dort wurde der Handelsverkehr zwischen dem Roten Meer und dem Indischen Ozean kontrolliert). Damit versperrten sie den arabischen Schiffen den Weg zu den venezianischen Kaufleuten und unterbrachen die Kaffee- und Gewürzlieferungen an die venezianischen Läger in Ägypten. Gleichzeitig nahm Portugal Beziehungen zu den Amhara in Äthiopien auf. Man schickte zunächst eine rund vierhundert Mann starke Strafexpedition ins Land; später residierten die Portugiesen in den eigens erbauten, berühmten Burgen von Gondar (die noch heute zu sehen sind). Der gesamte Küstenstreifen diesseits und jenseits der Meerenge von Bab-al-Mandab wurden damals von portugiesischen Schiffen kontrolliert, die jeglichen Handel mit Äthiopien unterbanden. Venedig suchte deshalb nach neuen Wegen, um an die Säcke mit der begehrten Ware zu gelangen, die in ganz Europa reißenden Absatz fand. Da bot sich der Nil an: Man konnte nach Äthiopien gelangen, wenn man den Strom bis Khartum (damals existierte lediglich der Hafen Omdurman) und dann den Blauen Nil bis zum Tanasee im Reich der Amhara hinaufsegelte, wo der Kaffee angebaut wurde. Oder aber man reiste über Atbara in die abessinischen Dörfer.

Die Suche nach dem legendären Priester Johannes, sagenhafter Herrscher über Abessinien, dem man märchenhaften Reichtum und unendliche Kaffeeplantagen im Hochland zuschrieb, hatte Portugal bald mit einem bewaffneten Übergriff am Roten Meer für sich entschieden. Das war das Ende des venezianischen Handels. Die Galeeren kehrten leer nach Alexandria zurück, die Lage spitzte sich zu: Venedig schlug Ägypten den Bau eines schiffbaren Kanals vor, der die großen Seen mit dem Mittelmeer und dem Roten Meer verbinden sollte. Doch das Projekt wurde nie verwirklicht, nicht zuletzt, weil auch der Kanal den Konflikt mit Portugal nicht hätte lösen können.

Die Lage verschärfte sich, als die Portugiesen – die inzwischen durch Pedro Alvarez Cabral Brasilien entdeckt hatten –

Sklaven von Westafrika nach Übersee verschifften, um unter anderem den Kaffeeanbau auf dem Hochland von Santos und in Espinacho sowie in Diamantina voranzutreiben.
Ein portugiesisches Dokument belegt, daß sich die Staatseinkünfte Mitte des sechzehnten Jahrhunderts auf mehr als 500 000 *cruzados* beliefen, wovon allein 135 000 auf den Handel mit brasiliani-

schem Kaffee entfielen. Andererseits erwirtschaftete Guinea mit dem Sklavenhandel mehr als 10 000 *cruzados*. Am interessantesten ist jedoch die Feststellung, daß die Kaffeesäcke zu jener Zeit vor allem im Handel mit Spanien als Zahlungsmittel galten. Spanien, das ebenfalls eine bedeutende Handelsmacht war, hatte zwar das Aztekenreich erobert, aber auf dem mexikanischen Hochland konnte wegen der starken Temperaturschwankungen und der geringen Niederschläge kein Kaffee angebaut werden. So wurden die wertvollen Bohnen regelrecht zu Geld. Angesichts der unglaublichen Reichtümer, die sich mit dem Sklavenhandel anhäufen ließen, der billige Arbeitskräfte für die Plantagen (auf denen Kaffee, Baumwolle und Zuckerrohr angebaut wurden) lieferte, beteiligte sich Spanien ebenfalls an dem Wettbewerb, um nicht vom Erfolg der ewigen Gegner überrannt zu werden. Katalanische und andalusische Schiffe fuhren fortan über den Atlantik. Sie verschleppten Tausende von Sklaven aus ihren Dörfern am Golf von Guinea, aus dem Kongo und aus Angola nach Amerika und kamen vollbeladen mit den wertvollen Kaffeesäcken zurück.

Die Venezianer eröffneten nun wieder ihre Handelskontore in Sevilla und Malaga. Zu jener Zeit hießen die berüchtigten Sklavenschiffe bei Kaufleuten aus ganz Europa bereits *tumbeiros* – Totenschiffe, Särge. In der Tat war zu jener Zeit ein Schwarzer nicht mehr wert als drei Säcke brasilianischen Kaffees.

Der Kaffeeanbau und die Plantagen besaßen damals eine wirtschaftliche und politische Bedeutung, die heute mit der von Erdöl vergleichbar ist. 1690 landete ein Trupp holländischer Matrosen in Al Mukha, Jemen, um einige Kaffeepflanzen zu besorgen. Daraufhin wurde Kaffee auch auf den holländischen Kolonien Java und Sumatra angebaut. 1723 reiste ein holländischer Gesandter in die französische Überseekolonie Martinique, um dort Kaffee anzupflanzen. Auf offener See wurde sein Schiff von Korsaren

angegriffen, aber er konnte seine Mission dennoch vollenden.
Auch wenn die Portugiesen sehr früh begannen, in ihren brasilianischen Besitzungen Kaffee anzubauen – in der Region von Santos und auf den Hochebenen hinter dieser alten Siedlung –, wurden die ersten gerösteten Kaffeebohnen erst 1670 nach Nordamerika exportiert. (Die USA gab es damals noch nicht; es handelte sich vielmehr um einen Zusammenschluß von dreizehn Staaten, die sich gegen die englische Herrschaft erhoben hatten: New Hampshire, Massachusetts, Rhode Island, Connecticut, New York, New Jersey, Delaware, Pennsylvania, Maryland, Virginia, North und South Carolina sowie Georgia.) Die ersten Kaffeeimporteure waren Dorothy Johnson in Boston (1670) und William Penn (1683). Natürlich folgten die wohlhabenden amerikanischen Familien nach wie vor den Londoner Moden, auch wenn die Distanz zur britischen Krone wuchs. Auch in Amerika verwendete man versilberte Kaffeekannen. Als später zahlreiche Einwanderer aus Polen, Rußland, Italien usw. nach Nordamerika gelangten, brachten sie ihre typischen Kaffeekannen von zu Hause mit, die sich an den türkischen und arabischen Modellen orientierten. Vor allem durch den Einfluß der Einwanderer in Pennsylvania entstand die berühmte Blechkanne, die man in vielen Westernfilmen sieht. Diese einfache Kanne war praktisch für alle, die

sich schon am frühen Morgen auf der Aschenglut des nächtlichen Lagerfeuers eine Tasse Kaffee brauen mußten. 1838 meldete der italienische Emigrant Bencini das erste Patent für eine Kaffeekanne an, die das Aroma der Bohnen besser bewahren konnte.
Franzosen, Deutsche und Engländer dachten sich in der Folge immer neue Verfahren für einen immer besseren

Kaffeegenuß aus, doch die einfache neapolitanische Espressokanne, die bereits seit der Bourbonenzeit in Gebrauch ist, ist wohl immer noch unschlagbar.
Man brauchte keine Kolbenmaschinen, um das heiße Wasser über den Kaffee zu pressen, noch Pumpen, die das Wasser ansaugten, noch komplizierte portugiesische Systeme, die mit einer Keramik- und einer Messingkanne hantierten. Daheim trank man den Espresso aus der »Napoletana«, an der Bar kam der Kaf-

fee aus den klassischen Maschinen wie zum Beispiel der berühmten »Pavoni«. Dann kam die sogenannte »moka«, die bekannte Schraubkanne, mit der das Espressokochen noch einfacher wurde. Man muß nur die Wärmezufuhr reduzieren, sobald die ersten Tropfen Espresso in die Kanne sickern, und wieder heraufschalten, wenn die Kanne zu drei Vierteln gefüllt ist.

Der Kaffee erobert die Welt

Vermutlich kannte man bereits vor tausend Jahren die belebenden Eigenschaften von Kaffee. Äthiopische Hirten entdeckten, daß die Schafe und Ziegen, die sich vom Kaffeestrauch und seinen Früchten ernährten, nicht mehr schlafen konnten und reizbar wurden. Die Hirten erzählten wahrscheinlich den Mönchen in den zahlreichen koptischen Klöstern des Landes von ihrer Entdeckung. Die

Mönche gingen der Sache nach und bereiteten aus den Früchten des Kaffeestrauchs einen Aufguß, der belebend und stärkend wirkte. Inzwischen vermutet man allerdings auch, daß die *Coffea arabica* aus dem Jemen, also von der anderen Seite der Meerenge von Bab-al-Mandab stammt.
Araber, dann Äthiopier, Sudanesen und Osmanen lernten den Kaffee schätzen. Im arabischen Medina gab es im sechzehnten Jahrhundert Kaffeehäuser, und auch in Byzanz soll bereits 1511 ein Kaffeehaus existiert haben – Kaffee genoß damals also bereits enorme Verbreitung. Der türkische Gesandte am Hofe Ludwigs XIV. soll dem Sonnenkönig einige Kaffeepflanzen für seine Gärten geschenkt haben, und in Venedig wurde 1683 die erste *Bottega del caffè* auf dem Markusplatz eröffnet.
Der französische Physiologe, Gastronom und Gourmet Brillat-Savarin behauptete, daß ein türkischer Prinz namens Soliman Aga das Kaffeetrinken in der Pariser Aristokratie Mitte des siebzehnten Jahrhunderts einführte und daß ein Amerikaner um 1660 einige Pflanzen von im gekauft habe. »Und in der Rue Saint-André-des-Arcs wurde das erste Kaffeehaus eröffnet, mit Spiegeln und Marmortischen, ähnlich wie heute.« Brillat-Savarin verfaßte diese Zeilen in der zweiten Hälfte des achtzehnten Jahrhunderts, er muß diese Informationen also aus zweiter Hand erhalten haben.

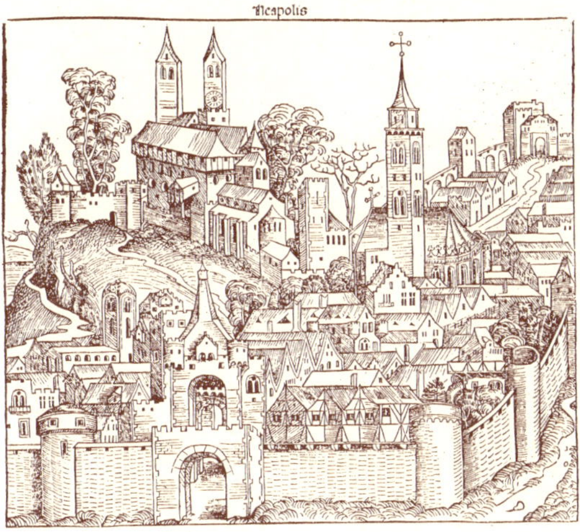

Eines ist jedoch gewiß: Kaffee galt sofort als Luxusgut, wurde als solches stark besteuert und unterlag einem Monopol. 1683 verbot der Magistrat den Genuß von Kaffee, weil er nicht zuletzt dem Schnaps, der stark besteuert war, Konkurrenz machte. Doch schon bald unterlag auch der Kaffee einem Monopol. 1686 galt das Monopol für das gesamte Hoheitsgebiet der Republik Genua.

Arabischen Fachleuten zufolge stammten die Ziegen, die die ersten Kaffeekirschen knabberten, aus einem islamischen Kloster im Jemen. Andere wieder glauben, daß der Erzengel Gabriel dem Propheten Mohammed einen Trank brachte, der von Allah selbst zubereitet worden war und schwarz war wie die Kaaba in Mekka. Das Wort »Kaffee« komme daher von *kaawa* (und im Arabischen heißt Kaffee *kawa*). Mohammed soll nach dem Genuß dieser Tasse Kaffee dann zu seinen Reisen und Predigten aufgebrochen sein. Wahrscheinlicher ist jedoch, daß der Ursprung der Kaffeepflanze in Abessinien liegt: Im sechsten Jahrhundert eroberten die Abessinier den Süden der arabischen Halbinsel, das heißt in etwa das Gebiet des heutigen Jemen.

KULTUR
UND KAFFEE

Die Kaffeehäuser

Alle Orientreisenden bestätigten, daß der Kaffeegenuß Ende des sechzehnten Jahrhunderts überall in der arabischen Welt verbreitet war. Dennoch wurde der Kaffee 1511 von den religiösen Führern Mekkas als teuflisches Getränk gebrandmarkt. Ende des sechzehnten Jahrhunderts wurde durch einen Befehl des Großen Mufti der Kaffeegenuß auch in Byzanz untersagt. Das Getränk gelangte jedoch – vermutlich durch den Seehandel der Venezianer, die den Kaffee im östlichen Mittelmeerraum kennengelernt hatten – schon bald in den Westen. Das erste Kaffeehaus Venedigs wurde, wie bereits erwähnt, 1683 eröffnet (davor gab es vermutlich bereits eine *Bottega del caffè* in Livorno).

Das Pariser *Café Procope* gilt als Wiege der Aufklärung, das Londoner *Lloyd Coffee House* war Sitz der bedeutendsten Versicherungen der Welt. In Mailand gründeten die Gebrüder Verri zusammen mit Cesare Beccaria die phi-

Alessandro Verri

Pietro Verri

losophisch-literarisch orientierte Zeitschrift »Il Caffè«. Francesco Redi jedoch bezeichnete den Kaffee in seinem Werk *Bacco in Toscana* (dt. *Bacchus in der Toskana*) als »bitteres und böses« Getränk.

Das Getränk der Intellektuellen

Anfang des siebzehnten Jahrhunderts tauchten in den englischen und französischen Salons so »exotische« Getränke wie Bier, Tee und Kaffee auf. Bier und Tee gab es wohl schon in früheren Jahrzehnten, doch der Kaffee hatte eindeutig im siebzehnten Jahrhundert seinen großen Auftritt.

Bei gesellschaftlichen Anlässen durfte Kaffee nie fehlen. Das schwarze und heiße Getränk wurde so populär, daß eigene Lokale gegründet wurden, in denen sich Männer von Welt trafen, um über Literatur, Theaterinszenierungen und über Politik zu diskutieren. Etwa ein Jahrhundert später erlangte diese Gewohnheit eine derartige Bedeutung, daß die Mailänder Intellektuellen wie Verri und sein Kreis ihre kritische Zeitschrift danach tauften.

»Il Caffè« kam aus der Accademia dei Pugni (»Akademie der Fäuste«), wurde in Mailand von Pietro und Alessandro Verri sowie von Cesare Baccaria und anderen Intellektuellen der Zeit gegründet und verfaßt. Die Zeitschrift wurde in Brescia gedruckt, weil man so der österreichischen Zensur entgehen konnte (Brescia gehörte damals zur Republik Venedig). Das Kampfblatt erschien regelmäßig von Juni 1764 bis Mai 1766. Damit wollte man die Bevölkerung anregen und informieren über die gängigen Verwaltungspraktiken und über die Politik, sie über Ungerechtigkeiten und Parteinahmen aufklären und eine echte bürgerliche Gesinnung heranbilden.

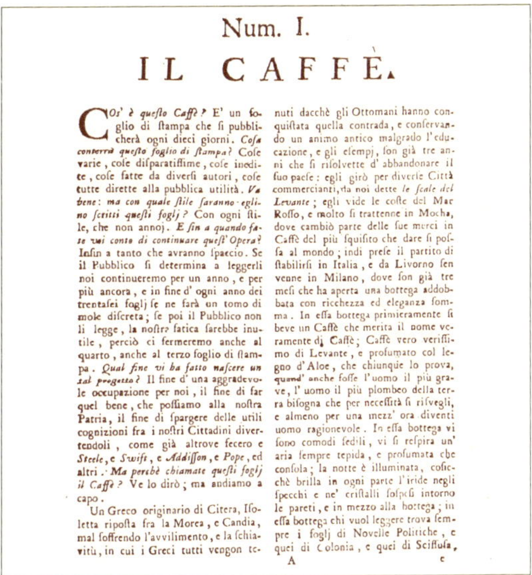

Num. I.

IL CAFFÈ.

COs' è *questo Caffè?* E' un foglio di stampa che si pubblicherà ogni dieci giorni. *Cosa conterrà questo foglio di stampa?* Cose varie, cose disparatissime, cose inedite, cose fatte da diversi autori, cose tutte dirette alla pubblica utilità. *Va bene: ma con quale stile saranno eglino scritti questi foglj?* Con ogni stile, che non annoj. *E sin a quando fate voi conto di continuare quest'Opera?* Insin a tanto che avranno spaccio. Se il Pubblico si determina a leggerli noi continueremo per un anno, e per più ancora, e in fine d' ogni anno dei trentasei foglj se ne farà un tomo di mole discreta; se poi il Pubblico non li legge, la nostra fatica sarebbe inutile, perciò ci fermeremo anche al quarto, anche al terzo foglio di stampa. *Qual fine vi ha fatto nascere un tal progetto?* Il fine d' una aggradevole occupazione per noi, il fine di far quel bene, che possiamo alla nostra Patria, il fine di spargere delle utili cognizioni fra i nostri Cittadini divertendoli, come già altrove fecero e *Steele*, e *Swift*, e *Addisson*, e *Pope*, ed altri. *Ma perchè chiamate questi foglj il Caffè?* Ve lo dirò; ma andiamo a capo.

Un Greco originario di Citera, Isoletta riposta fra la Morea, e Candia, mal soffrendo l'avvilimento, e la schiavitù, in cui i Greci tutti vengon tenuti dacchè gli Ottomani hanno conquistata quella contrada, e conservando un animo antico malgrado l'educazione, e gli esempj, son già tre anni che si risolvette d' abbandonare il suo paese: egli girò per diverse Città commercianti, da noi dette *le scale del Levante*; egli vide le coste del Mar Rosso, e molto si trattenne in Mocha, dove cambiò parte delle sue merci in Caffè del più squisito che dare si possa al mondo; indi prese il partito di stabilirsi in Italia, e da Livorno sen venne in Milano, dove son già tre mesi che ha aperta una bottega addobbata con ricchezza ed eleganza somma. In essa bottega primieramente si beve un Caffè che merita il nome veramente di Caffè; Caffè vero verissimo di Levante, e profumato col legno d'Aloe, che chiunque lo prova, quand' anche fosse l'uomo il più grave, l' uomo il più plombeo della terra bisogna che per necessità si risvegli, e almeno per una mezz' ora diventi uomo ragionevole. In essa bottega vi sono comodi sedili, vi si respira un' aria sempre tepida, e profumata che consola; la notte è illuminata, cosicchè brilla in ogni parte l'iride negli specchi e ne' cristalli sospesi intorno le pareti, e in mezzo alla bottega; in essa bottega chi vuol leggere trova sempre i foglj di Novelle Politiche, e quei di Colonia, e quei di Sciaffusa,

A e

Diese Absichten waren im mutigen Programm der Zeitschrift festgehalten, die übrigens versprach, »sich jedem Fürsten, jeder Regierung oder Nation zu unterwerfen«. Die Zeitschrift hatte großen Anteil an der Verbreitung aufklärerischen Gedankenguts in Italien. Doch einige Persönlichkeiten, wie der Turiner Literat und Kritiker Giuseppe Baretti, bekämpften das Blatt und nannten es unnütz und »närrisch«. Die Accademia dei Pugni wurde infolge eines Streits zwischen Pietro Verri und Cesare Beccaria aufgelöst, die Zeitschrift »Il Caffè« eingestellt.

Ein Täßchen Espresso als Digestif oder als Abschluß einer Mahlzeit zu trinken wurde in Mittel- und Süditalien schon bald sehr populär. In Mailand war man noch der Meinung, daß eine gute Mahlzeit aus Eintopf, Salami, Risotto und Gesottenem bestehen müsse. In Neapel dagegen, wo trotz allgemeiner Armut in den Gassen und auf den Märkten Fisch, Geflügel, Wild, Obst, Gemüse und Nudeln angeboten wurden, gönnte man sich ein Täßchen von dem schwarzen Gebräu, um die tristen Gedanken zu verjagen und das Leben wieder positiv gestimmt zu meistern. So notierte Goethe auf seiner *Italienischen Reise*, daß die Neapolitaner ihre Speisen nicht nur mit Genuß verzehrten, sondern daß es vielmehr auch Tage allgemeiner und grenzenloser Schlemmerei gebe. Hier bezieht

er sich wohl auf jene (zahlreichen) Feste, auf denen ganze Körbe mit Fischen aus dem Golf von Neapel und Nudeln herumgereicht wurden und auf denen zum Abschluß das unverzichtbare Täßchen Espresso getrunken werden mußte. Kaffee war zwar auch in Neapel eigentlich den besseren Ständen vorbehalten, doch das stolze Volk wollte wenigstens an Festtagen feiern und leben wie der Adel in seinen Palästen.

Damals frequentierten die »feinen Leute« bereits jene Cafés, in denen junge und hübsche Frauen mit vollendeter Grazie die Tassen mit dem aromatischen Gebräu kredenzten. Ein anschauliches Beispiel dafür liefert eine Zeichnung von Gaetano Zimpini, die in der Accademia Carrara von Bergamo hängt. Darauf sieht man eine (laut Bildunterschrift) »reizende und strahlende« Edeldame, wie sie einem Grafen und einem Marquis

Kaffee serviert. Die Wände jener Cafés waren mit Regalen ausstaffiert, in denen Kaffeekannen und Liköre ausgestellt wurden, wie man in einer Illustration zu Carlo Goldonis Komödie *La bottega del caffè* (dt. *Das Kaffeehaus*) sehen kann.

Historische Cafés

Zu Zeiten der Französischen Revolution kostete eine Tasse Kaffee in den Lokalen am Palais Royal sechs Sous. Im einfacheren Stadtviertel Saint-Germain oder an der Porte Saint-Antoine oder am Pont Neuf war Kaffee für fünf Sous zu haben. Da man in den Cafés vor allem über Politik sprach, konnten sich die Pariser Bürger leicht über das Geschehen in der Hauptstadt und über die bevorstehenden Reformen informieren. Man bezahlte für das Getränk und konnte dann an einem Kaffeehaustisch den ganzen Nachmittag über die jüngsten Ereignisse diskutieren, das »Journal de Paris« oder das »Journal général de la Cour et de la Cité« lesen und sich darüber aufregen, oder aber mit den Tischgenossen das Kampflied der Jakobiner *Ça ira* singen (sie hatten ihre ersten Zusammenkünfte im Café Amaury) und zwischendurch auch noch das Geschehen an der Börse kommentieren.

Patrioten, Revolutionäre und gewöhnliche Bürger entdeckten in den Pariser

Cafés eine neue Lebensart – und nicht zuletzt Schutz vor dem extrem schlechten Wetter der Jahre 1789–91. In der Tat regnete es in jenen Jahren ungewöhnlich häufig, und die Cafés erlebten einen nie gekannten Zulauf von Gästen, die fasziniert waren vom raschen Verlauf der Ereignisse. Die Cafés wurden, wie ein Historiker schrieb, »die gesprochene Presse der Revolution, und jedes Lokal vertrat eine bestimmte politische Richtung«. Man kannte bereits die politische Gesinnung eines Bürgers, wenn man sein Café kannte.
1789 brachte zudem zwei Neuerungen: Frauen sowie die Nationalmiliz, die zuvor vom Kaffeehausbesuch ausgeschlossen waren, durften Cafés nun betreten.

Beide Gruppen trugen entscheidend zum Erfolg der Cafés und der Revolution bei.
Das Café de Foy erlangte in diesem Zusammenhang große Berühmtheit. Das renommierteste Café im Quartier du Palais Royal lag einst in der Rue Richelieu und später unter den Arkaden eines neuen Gebäudes mit Blick auf die Gärten, in denen die königliche Familie zu lustwandeln pflegte. Nicht länger Einkehr für den Adel mit seinen Allongeperücken, für Finanziers oder Generäle, schlug im Café de Foy nun das Herz der Revolution. Hier wurden politische Reden ge-

schwungen, Umzüge und Demonstrationen organisiert und manchmal wurde sogar geschossen. Im Caffè Zoppi in Faubourg Saint-Germain lag der »Versammlungsort für die Kinder der Freiheit«. Weitere berühmte Cafés waren das Café du Rendez-vous, das Père-Duchesne, Café de l'Echelle, Café de Bourbon, Café Gibet, Café de Charpentier.

In Italien zählt das Caffè Greco im Herzen von Rom zu den berühmtesten und renommiertesten Kaffeehäusern. Es wurde 1760 in der Via dei Condotti unweit der Piazza di Spagna von einem Levantiner gegründet. In seinen Sälen saßen viele berühmte Persönlichkeiten. An einem Marmortischchen verfaßte der russische Schriftsteller Nikolaj Gogol einen Großteil seines Romans *Tote Seelen*. Der Franzose Stendhal (eigentlich Henri Beyle) gehörte zu den Stammgästen (er schrieb nicht nur die Erzählung *Rome, Naples et Florence*, sondern auch *Promenades dans Rome*, die seine Liebe für die Ewige Stadt widerspiegeln). Der deutsche Philosoph Arthur Schopenhauer spricht in seiner »pessimistischen« Art schlecht von der deutschen Kultur seiner Zeit und wurde deshalb von den Nazarenern, einem Kreis von deutschen Künstlern, die das Caffè Greco zu ihrem Versammlungsort auserkoren hatten, aus dem Café geworfen. Viele Musiker frequentierten ebenfalls das Caffè Greco und genossen das Schau-

spiel der herrlichen Stadt, die es heute so nicht mehr gibt. Im Caffè Greco kehrten außerdem immer wieder die Komponisten Felix Mendelssohn, Franz Liszt und Richard Wagner ein.
Neben dem Caffè Greco war außerdem das Caffè Aragno sehr beliebt. Es wurde 1888 eröffnet und zog von den alten Räumlichkeiten, die der Likörhändler Aragno eingerichtet hatte, schon bald in passendere Räume im Palazzo Verospi (heute Caffè Alemagna, unweit der italienischen Regierung im Palazzo Chigi). Das alte Kaffeehaus mit seinen Marmortischen und glänzenden Spiegeln mußte inzwischen einem moderneren Betrieb weichen, doch auch hier werden nach wie vor das politische und literarische Leben der Hauptstadt diskutiert.
Ein profunder Kenner Roms schrieb dazu, daß der dritte Salon des Cafés besonders erinnerungswürdig sei und viele ältere Römer noch gern daran dächten, denn dort verkehrten sämtliche nationalen und internationalen Berühmtheiten. Hier trafen sich Journalisten und Literaten, Künstler und Schauspieler. Eine Gedenktafel an der Via delle Convertite erinnert an die Stammgäste des Cafés, die im Ersten Weltkrieg gefallen sind.
Ohne die beiden Cafés an der Piazza del Popolo – Rosati und Canova – wäre unser Bericht jedoch nicht vollständig. In dieser Gegend gibt es zahlreiche Kunstgalerien, Ateliers und Antiquitätenge-

CAFÉ FLORIAN
à Venise. Grande Place St Marc.

schäfte, und so kehren dort auch viele Künstler ein.

Das älteste Café Italiens ist jedoch das Caffè Florian am Markusplatz in Venedig. In Venedig landeten die ersten Säcke mit dem wertvollen Kaffee, die von den Galeeren der Serenissima aus dem östlichen Mittelmeerraum angeliefert wurden. Gründer dieser *Bottega del caffè*, die es heute noch gibt, war Floriano Francesconi – im Dialekt Venedigs hieß er allerdings »Florian«. Einer der regelmäßigsten Gäste dieses Cafés war der englische Romantiker George Byron. Er ließ sich in einem der verspiegelten Salons nieder, las seine Zeitung oder diskutierte mit seinen Tischgenossen über Literatur und Politik. Ungefähr zur selben Zeit besuchte auch der Bildhauer Antonio Canova (ein bedeutender Vertreter des Neoklassizismus) das Café. Unvergeßliche Stunden verbrachten hier auch die beiden grundverschiedenen Brüder Gaspare und Carlo Gozzi. Gemeinsam waren ihnen jedoch die beißend scharfen Bemerkungen über das politische und kulturelle Geschehen der Stadt. Gaspare gründete die »Gazzetta Veneta« und schilderte mit spitzer Feder die venezianische Gesellschaft. Carlo war konservativ und schmähte daher die neuen philosophischen Strömungen. Ansonsten kam man auch gern ins Caffè Florian, um den Lebensstil der Venezianer zu beobachten und zu kommentieren. Carlo machte denn auch aus dem Café »ein Bollwerk für seine literarischen und dramaturgischen Schlachten gegen Carlo Goldoni, der die Kaffeehausbesuche der Schöngeister als Anregung für seine Komödie *Das Kaffeehaus* empfand« (so Casati und Ortona in ihrem lebendigen Bericht über historische Cafés in Italien).

In den dreißiger Jahren des neunzehnten Jahrhunderts tauchte in den Räumen des Florian der romantische Schriftsteller Alfred de Musset auf, der hier seiner schmerzlichen Leidenschaft für die wohl schillerndste Frauengestalt seiner Zeit, George Sand, nachhing. Nicht einmal die vergnügte Kaffeehausatmosphäre konnte de Musset aufheitern. Die stürmische Affäre mit der »in Männerkleider gewandeten Frau« traf ihn so tief, daß er zum idealen Interpreten des *mal du siècle* wurde, das das Individuum in eine namenlose Traurigkeit und in eine tiefe Melancholie stürzte.

Etwa zur selben Zeit wurde das Caffè Fiorio in Turin (heute im Zentrum, Via Po 8) berühmt. Die Stadt stand damals im Mittelpunkt der stürmischen nationalistischen Politik, und das Café wurde von zahlreichen Freiheitskämpfern besucht. In den Räumen des Caffè Fiorio trafen sich der Schriftsteller, Maler und Politiker Massimo d'Azeglio und Camillo Cavour und unterhielten sich lebhaft über die Möglichkeit, die zahlreichen Kleinstaaten Italiens zu einem Nationalstaat zu einen – und stärkten sich dabei immer wieder mit einem Täßchen schwarzen Kaffees.
Lebhafte politische Diskussionen gab es auch im Mailänder Caffè della Cecchina, wo sich die Anhänger Cavours trafen. Die revolutionär gesinnten Gefolgsleute Mazzinis dagegen versammelten sich im Caffè della Peppina.
Doch die »moralischen Hauptstädte« Turin und Mailand waren nicht die einzigen, die mit Künstler- und Literatencafés aufwarten konnten. Da gab es noch das Caffè Pedrocchi in Padua, das 1830 in der Nähe der Universität (der heutige Eingang befindet sich am gleichnamigen Platz unweit des Cavour-Denkmals) gegründet wurde. Benannt nach seinem Gründer Antonio Pedrocchi, wurde es 1891 von seinem Erben Domenico der Stadt Padua vermacht. Während der Bauarbeiten traten zahlreiche Fundstücke zutage, weshalb man heute annimmt, daß sich an dieser Stelle einst das

Forum befunden haben muß. Die Fundstücke sind im Museo Civico zu besichtigen.
Das berühmte Café erstreckte sich über mehrere Salons, die den einzelnen Besucherkategorien zugewiesen wurden. Die Möbel wurden vom Bauherrn selbst entworfen und stehen zum Teil heute noch im Café. Da das Café durchgehend Tag und Nacht geöffnet war, hatte es lange Zeit keine Türen. Hier trafen sich Patrioten, Studenten, Literaten. Am 8. Februar 1848 war das Haus Schauplatz eines berühmt gewordenen Scharmützels zwischen österreichischen Gendarmen und aufrührerischen Studenten. Im Oberge-

schoß gab es einen Ballsaal und die sogenannte Sala Rotonda, die mit wertvollen Gemälden geschmückt war.
Von den zahlreichen Cafés in Florenz, in denen sich die besten Denker und die aufgeschlossensten Künstler und Literaten des Landes treffen, verdient besonders das Caffè delle Giubbe Rosse (der Eingang befindet sich heute an der Piazza della Repubblica) Erwähnung. Das Café ist seit jeher eines der kulturellen Zentren von Florenz und der Toskana. Hier kehrten Maler wie Ottone Rosai, Journalisten wie Arturo Loria, Dichter wie Eugenio Montale und Mario Luzi ein, um nur einige von denen zu nennen, die auch im Foto festgehalten wurden. Auch Dino Campana, der *poète maudit*, kehrte häufig hier ein, um in dem Café seine Bücher mit den »seltsamen« Gedichten (berühmt sind seine *Canti Orfici*), die damals nur wenig geschätzt waren, zu verkaufen.
In den ersten Jahren des zwanzigsten Jahrhunderts wurde Florenz wieder zu einem Zentrum der italienischen und europäischen Kultur. Das Caffè delle Giubbe Rosse war in gewisser Hinsicht die Wiege der neuen Literatur. Hier trafen sich die Mailänder Futuristen mit ihren Florentiner Kollegen, hier entstand die Zeitschrift für Literatur und Kunst »Lacerba«, an diesen Tischen saßen André Gide und Wladimir Lenin. Ein weiteres, sehr berühmtes Florentiner Café, das es heute leider nicht mehr

gibt, war das Caffè Michelangiolo. Von diesem Café sagt man, es sei wichtiger als ein Lehrstuhl für Ästhetik. Hier kam »das Parlament der neuen Kunstregierung zusammen, hier tagte das Hohe Kritische Gericht«. Das Michelangiolo war mehr als nur ein Kaffeehaus. Es war das Hauptquartier der Malerei, Sitz der Macchiaioli. Die Schwelle zu diesem Café überschreiten hieß einer Bewegung beitreten.

Der ehemalige Bürgermeister von Florenz, Piero Bargellini, schreibt dazu: »Man kann keine einzige Seite Politik-, Literatur- oder Kunstgeschichte über das neunzehnte Jahrhundert schreiben, ohne ein Kaffeehaus zu erwähnen. In den schwarzen, verrauchten und geheimnisvollen Lokalen, die einst von Türken im Turban oder von Griechen geführt wurden und die wie die Werkstatt eines Alchimisten anmuteten, in denen Säcke mit geheimnisvollen Zeichen lagerten, versammelten sich die wenigen Freunde des bösen und bitteren Getränks. Im Lauf eines Jahrhunderts erlangten die Cafés jedoch die Bedeutung von politischen und akademischen Herrenclubs. Als Ersatz für die einschläfernde Schokolade, die beim Adel und in den nachmittäglichen Salons des achtzehnten Jahrhunderts kredenzt wurde, wurde der Kaffee zum liebsten Aufputschmittel für Freiheitskämpfer, so daß man meinen könnte, politische Bewegung habe einen ausgeprägten Geschmack: Die Reaktio-

näre schlürfen ihre Schokolade, während die Revolution Kaffee trinkt.«
Es gibt Fotos von anderen historischen Cafés in Florenz: Caffè delle Colonnine bei der Loggia degli Alberti und das Caffè dell'Indiano am Ende der Cascine mit schönem Blick auf den Arno.
Es gibt außerdem Fotos von den Künstlern und Literaten, die das bekannte Caffè Giannessi in Viareggio frequentierten. Auf vergilbten Aufnahmen sieht man den Dichter Giuseppe Ungaretti, den Schriftsteller und Literaturkritiker Giuseppe Prezzolini, den Erzähler aus Lucca Enrico Pea und den Maler und Schriftsteller aus Viareggio Lorenzo Viani.
Aber auch der Florentiner Erzähler Aldo Palazzeschi, der Florentiner Literaturkritiker Emilio Cecchi, der sanfte Schriftsteller aus Siena Federigo Tozzi und der lebhafte Dichter aus der Versilia Giosuè Carducci kehrten gern in den Kaffeehäusern der Toskana ein und labten sich an dem heißen und schwarzen Gebräu.
Zu den berühmten Cafés in Neapel ge-

hört das Gambrinus, das zum Herzstück Neapels und zum Treffpunkt seiner schönsten Talente wurde. Hier »entstanden Bürgersinn und Literatur, hier wurden brennende Freiheitsprobleme diskutiert«. In Neapel lagen diese Diskussionen – ganz dem klischeehaften Naturell der Stadt entsprechend – stets zwischen dem Tragischen und dem Komischen.

Epoche machten im Gambrinus die intellektuelle Avantgarde des zwanzigsten Jahrhunderts um Massimo Bontempelli und Curzio Malaparte sowie viele berühmte Pesönlichkeiten der kulturell lebendigen Stadt. Das Café war für sie »die Wiege für manch eine Geschichte«. Cipriano Marinelli, der eine Literaturzeitschrift verfaßte, und Antonio Guerriero, der sich als Literatur- und Gesellschaftskritiker einen Namen machte, kehrten hier ein. Die bleiche und rundliche Gestalt eines Gino Caprioli, der immer an einen Abt aus dem achtzehnten Jahrhundert erinnerte, sowie Antonio Pepe u.a. gehörten dazu. Aus unerklärlichen Gründen sind das Gambrinus und die anderen berühmten Cafés Neapels verschwunden: Testa d'Oro, Caffè d'Italia, Croce di Malta in Santa Brigida und das Aceniello an der Porta San Gennaro gibt es nicht mehr. Sie alle hatten großzügige Spiegelsäle, die mit Gemälden der berühmtesten Maler der Gegend geschmückt waren, und stille »Lesekabinette«. Und über all diesem Treiben schwebte stets der Duft von frisch geröstetem Kaffee. Die Räume des Gambrinus waren der Laientempel für Kunst und Literatur, »der wertvolle Schmelztiegel, in dem das Beste der Stadt zusammenkam« und in dem die illustren Geister der neapolitanischen Kultur das Wort ergriffen. Hier ließen sich auch der Journalist und deftig-derbe Dichter Edoardo Scarfoglio und seine Frau Matilde Serao, Journalistin, Schriftstellerin und Mitbegründerin des »Mattino di Napoli« nieder.

Nach der Einigung Italiens versammelten sich die Künstler und Literaten der ehemals bourbonischen Provinzen in diesem Café um die Persönlichkeiten, die hier verkehrten. Hier erstand die stolze Würde eines vom Schicksal gebeutelten Volks, hier schöpften die aufgeschlossenen Künstler des Südens Zuversicht von Autoren wie Giovanni Verga, Luigi Capuana, Federico De Roberto, Giuseppe Antonio Borgese, von Malern wie Francesco Paolo Michetti und Filippo Palizzi, von Politikern wie Francesco Saverio Nitti und Antonio Salandra und von so berühmten Sängern wie Enrico Caruso und nicht zuletzt von Erzneapolitanern wie Salvatore di Giacomo. Hier verkehrte auch, gefolgt von einer Schar von Bewunderern, Gabriele d'Annunzio. Auch heute ist das Café ein Ort, an dem man zusammenkommt, um zu reden – leider meist nur noch über Fußball. Aber über allem schwebt trotzdem im-

mer noch das Aroma des frisch gemahlenen Kaffees.

Das Café in der Kunst

Man kennt verschiedene Abbildungen, Drucke und Stiche aus dem neunzehnten Jahrhundert, die orientalische Kaffeehäuser und ihre distinguierte Kundschaft in orientalischen Gewändern, wie sie gerade ihren Kaffee auf dem Dorfplatz einer griechischen Insel oder an den Ufern des Bosporus genießt, zeigen.
Daneben gibt es zahlreiche Bilder von berühmten Künstlern, die Kaffeetrinker, das Interieur oder die Außenansicht von – meist französischen – Kaffeehäusern mit ihren kleinen Eisen- oder Mar-

mortischchen auf dem Gehsteig darstellen.
Ein wohl »klassisches« Kaffeehausbild, die *Terrasse des Cafés an der Place du Forum in Arles,* stammt von van Gogh: eine gelbe Mauer, zwei Tischreihen, einige Gäste an den Tischen und ein Garçon mit seiner langen weißen Schürze. Vom Nachthimmel, an dem die Sterne glitzern, ergießt sich ein transparentes, intensives Licht über die Szenerie. Die Darstellungen von Kaffeehäusern und ihrer Interieurs aus der Hand von van Gogh sind berühmt: so z. B. das *Café du Tambourin* im Tjiksmuseum von Otterloo, auf dem eine Frau traurig an einem Tisch sitzt. Oder das *Café bei Nacht*, wo die Gäste in einer Ecke sitzen, während das Licht auf den Billardtisch in der Mitte scheint. Oder die verschiedenen Kaffeekannen auf den Stilleben der Sammlung De Chabannes und der Barnes Collection.
Wir möchten hier an das Bild von Toulouse-Lautrec *Monsieur Boileau au Café* erinnern, das im Cleveland Museum of Art hängt und im Hintergrund

andere Gäste an Kaffeehaustischen zeigt. Berühmt sind außerdem das Bild vom Treiben am *Moulin de la Galette,* wo man im Vordergrund Teller und Tassen sieht (das Bild ist im Art Institute von Chicago zu sehen), oder das Interieur des Moulin Rouge. Manet und Degas haben mehrmals Kaffeehausszenen im

Bild festgehalten, und bei den Macchiaioli aus der Toskana findet man ebenfalls Bilder zum Thema »Menschen im Café«. Das Ambiente der Cafés – vor allem der Tanzcafés – bot sich für die künstlerische Darstellung ja geradezu an. Man denke nur an Chocolat, an Marcelle Lender, an Cha-U-Kao, an Jane Avril oder an La Gouloue, die von Toulouse-Lautrec verewigt wurden. Das Kaffeehaus war eine Attraktion geworden.

Aus dem Kaffeesatz die Zukunft lesen

Seit in der Türkei und in Byzanz Kaffee getrunken wird, gibt es Leute, die mit Kaffee oder vielmehr mit Kaffeesatz die Zukunft vorhersagen können. Im östlichen Mittelmeerraum hat es immer wieder Menschen gegeben, die glaubten, aus der Art und Weise, wie sich der Kaffee im *jisvi* oder in der Tasse (die keinen Henkel hat, damit sich die Wärme des Getränks direkt auf die Hand übertragen kann) absetzt, die Geschehnisse des folgenden Jahres oder eines noch längeren Zeitraums vorhersagen zu können. In Arabien und in der Türkei liest man den Gang der Geschäfte und Liebesaffären heraus. Ein muslimischer Kaufmann möchte ein Handelsschiff erwerben und mit einer Insel in der Ägäis Handel treiben. Wird das risikoreiche Geschäft glücken? Eine Portion Kaffeesatz sagt uns Bescheid. Wird die Angebetete eines ältlichen Ladenbesitzers aus Galata das Werben ihres Verehrers erhören? Eine

Portion Kaffeesatz bringt uns die Antwort.
Die Versuche, die Zukunft vorherzusagen, kamen nicht erst mit dem Kaffee auf. Vielmehr hatte man schon früher Träume, die Formen von Rauch, den Vogelflug, die Stellung von Würfeln und Spielkarten zu diesem Zweck gedeutet.
Dieser Aberglaube ist aber nicht nur auf den Orient beschränkt. Auch bei uns im aufgeklärten Westen glauben manche Leute, aus dem Kaffeesatz die Zukunft lesen zu können.
Damit dies auch gelingt, muß man den Kaffee allerdings auf türkische Art brauen. Und wer nicht an diesen Zauber glaubt, nimmt den Kaffeesatz lieber zum Düngen der Balkonpflanzen ...

REZEPTE

Variationen zum Kaffee

Ganz klassischen Kaffee kann man mit einem Stückchen Zitronenschale oder einer Prise Kakao aromatisieren. Zum Süßen kann man anstatt Zucker auch Honig verwenden, der nicht nur gesünder ist, sondern auch interessanter schmeckt.
Ein erfrischendes Sommergetränk ist Espresso, der mit zerstoßenem Eis im Shaker aufbereitet und mit einem Blättchen Minze parfümiert wird.

Italienischer Eiskaffee

Zutaten: 4 Tassen Espresso, 2 Gläschen schottischer Whisky, 100 g Speiseeis

(vorzugsweise Zitronen- oder Orangeneis)
Espresso wie gewohnt zubereiten. In jede Tasse ein halbes Gläschen Whisky gießen und eine Kugel Eis darauf setzen.

Kaffee-Bavaroise

Zutaten: 6 Eigelbe, 200 g Zucker, 250 ml Milch, 100 ml Espresso, 30 g Gelatine, 500 ml Sahne, 50 ml Kaffeelikör
Die Eigelbe mit dem Zucker zu einer Creme aufschlagen. Die aufgekochte und wieder abgekühlte Milch hinzufügen, dann die in lauwarmem Wasser eingeweichte Gelatine einrühren. Bei milder Hitze erwärmen. Den Espresso darübergeben und abkühlen lassen. Die Sahne steif schlagen und unter die Eiercreme ziehen. In eine Puddingform o.ä., die mit dem Likör ausgegossen wurde, füllen und drei bis vier Stunden im Kühlschrank durchziehen lassen.

Mokka-Kekse

Zutaten: 350 g Butter, 750 g Zucker, 3 Eier, 50 g Mokkapaste, 750 g doppelgriffiges Mehl, 1½ Päckchen Backpulver, 200 g Sultaninen, 1 Eigelb zum Bestreichen

Butter und Zucker dickschaumig aufschlagen. Die Eier und die Mokkapaste einrühren und zu einer gleichmäßigen Creme verrühren. Das Mehl durchsieben und mit dem Backpulver mischen. Unter die Creme rühren. Die Sultaninen dazugeben.

Den Teig nun portionsweise in einen Spritzbeutel mit glatter Tülle füllen und damit kleine Kekse auf ein gefettetes Backblech spritzen.

Mit einer breiten Messerklinge die Kekse glattstreichen und mit verquirltem Eigelb bepinseln. Mit Zucker bestreuen. 15 Minuten bei 200 Grad backen.

Mokka-Schokoladen-Pudding

Zutaten: 250 g Schokolade, 100 g geröstete Mandeln, 4 Eier, 75 g Butter, 250 g Zucker, 20 g löslicher Kaffee

Die Schokolade reiben und die Mandeln mahlen. Die Eier trennen. Die Butter zerlassen und schaumig schlagen. Nach und nach Zucker, Eigelbe, Kaffeepulver, Mandeln und die geriebene Schokolade unterrühren. Die Eiweiße steif schlagen und vorsichtig unterziehen. Eine Puddingform buttern und die Masse hineinfüllen. In den Kühlschrank stellen und zweieinhalb Stunden oder länger fest werden lassen.

Kaffeebonbons

Zutaten: Öl, 500 g Zucker, 400 g Sahne, 250 g Honig, 50 g Butter, 100 ml extra starker Espresso

Für dieses Rezept brauchen Sie ein Gefäß mit vielen Vertiefungen wie zum Beispiel ein Eiswürfelkästchen. Jede Vertiefung ergibt ein Bonbon. Diese Fächer mit Speiseöl auspinseln.

Zucker, Sahne, Honig und Butter aufkochen und zu einer dickflüssigen Masse verrühren. Erst dann den Kaffee unterrühren. Die heiße Masse gut durchmischen und in die Förmchen gießen. Erkalten und fest werden lassen.

Die einzelnen Bonbons mit einem Messer herauslösen und in buntes Papier wickeln.

Cassata tricolore

Zutaten: 1 Biskuitboden (ca. 200 g), 200 g Sahneeis, 200 g Pistazieneis, 200 g Himbeereis, 2 Eßlöffel Kaffeebohnen, 200 g Mascarpone
Den Biskuitboden einmal quer durchschneiden. Den unteren Teil in eine Form setzen. Eine Schicht Sahneeis und eine Schicht Pistazieneis darüber verstreichen. Die zweite Biskuitscheibe darauflegen. Mit dem Himbeereis bestreichen. Die Oberfläche mit einem Spatel sorgfältig glattstreichen. Die Cassata mindestens eine Stunde in den Gefrierschrank stellen.
Die Kaffeebohnen sehr fein mahlen. Den Mascarpone mit dem feingemahlenen Kaffee zu einer glatten Creme verrühren und in einen Spritzbeutel mit gezahnter Tülle füllen. Die Cassata auf einer Kuchenplatte anrichten und mit Mascarponerosetten dekorieren.

Kaffeecreme

Zutaten: 8 Eier, 50 g Kartoffelstärke, 350 g Zucker, 5 g Pektin (Sirup oder lösliches Pulver), 500 g Sahne, 500 ml Vollmilch, 50 g löslicher Kaffee
Die Eier trennen. Eigelbe mit der Stärke verrühren. Eiweiße zu Schnee schlagen und mit der Hälfte des Zuckers verrühren. Das Pektin hinzufügen. Den restlichen Zucker mit der Sahne und der Milch aufkochen. Dann das Kaffeepulver darin auflösen. Zu einer dicken Creme einkochen und vom Herd nehmen. Den Eischnee unterziehen. In eine Form füllen und einige Stunden durchkühlen lassen. Nach Belieben, zum Beispiel mit Schokoladenkaffeebohnen, dekorieren.

Mascarpone-Creme

Zutaten: 2 Eier, 4 Eßlöffel Zucker, 200 g Mascarpone, 1 Gläschen Jamaika-Rum, 1 Eßlöffel Kaffeebohnen
Die Eier trennen. Eigelbe mit dem Zucker dickschaumig aufschlagen. Mascarpone und Rum unterrühren und

alles gut vermischen. Eiweiße steif schlagen und unter die Creme ziehen.
Die Creme auf vier Portionsschälchen verteilen und mit ein paar Kaffeebohnen verzieren.
Bis zum Servieren in den Kühlschrank stellen.

Espresso-Creme

Zutaten: 4 Eigelbe, 150 g Zucker, 30 g Mehl, 500 ml Magermilch, 100 ml extra starker Espresso
Die Eigelbe mit dem Zucker zu einer Creme schlagen. Dann das Mehl, die Milch und den Espresso unterrühren.
Bei milder Hitze erwärmen und vorsichtig mit einem Holzlöffel umrühren. Dabei aufpassen, daß die Creme nicht kocht und nicht am Topfboden anbrennt. Sobald die Creme am Löffel haften bleibt, in eine Servierschüssel füllen und gut durchkühlen lassen.

Kaffee-Wacholder-Kuchen

Zutaten: 200 g Butter, 300 g Zucker, 3 Eier, 5 Wacholderbeeren, 1 Prise Salz, 400 g Mehl, 10 g Backpulver, 50 g Kaffeebohnen, 150 g geröstete Mandeln, 100 g Sultaninen

Die Hälfte der Butter mit dem Zucker verrühren, dann die Eier einarbeiten. Die andere Hälfte der Butter zerlassen und mit den fein zerstoßenen Wacholderbeeren aromatisieren. Salzen. Das gesiebte Mehl, das Backpulver, die fein gemahlenen Kaffeebohnen und die gemahlenen Mandeln untermengen. Die Butter-Ei-Masse mit dem Teig verrühren und schließlich die in Wasser eingeweichten Sultaninen unterheben. Sorgfältig vermischen.

Den Teig in eine gefettete Form füllen und im 180 Grad heißen Ofen gut 45 Minuten abbacken.

Erdbeer-Erfrischung

Zutaten: 2 Eier, 100 g Butter, 400 ml Milch, 3 Eßlöffel Zucker, 2 Eßlöffel Mehl, 1/2 Gläschen Weinbrand, 1 Päckchen Vanillezucker, 24 Löffelbiskuits,

50 ml Espresso, 250 g Sahne 1 Eßlöffel Puderzucker, 20 Walderdbeeren
Eigelbe mit der Butter dickschaumig aufschlagen. Die Milch hinzufügen, dann Zucker und Mehl einrühren. Den Weinbrand tröpfchenweise dazugeben. Eiweiße zu Schnee schlagen und vorsichtig unterziehen. Abschließend den Vanillezucker unterheben. Eine Schale mit den Löffelbiskuits auslegen. Mit Espresso beträufeln. Die Creme einfüllen. Die Sahne mit Puderzucker steif schlagen und über der Creme verstreichen. Mit den Erdbeeren dekorieren.

Espresso-Meringen

Zutaten: 4 Meringen, 250 g Sahne, 50 g Puderzucker, 50 ml extra starker Espresso, 3 Eigelbe, 125 g Zucker, 50 ml Eierlikör
Die Meringen zerstoßen und in Dessertschalen füllen. Die Sahne mit dem Puderzucker steif schlagen. Den erkalteten Espresso unterrühren. Aus Eigelben, Zucker und Eierlikör eine Sabayon bereiten. Zutaten über sanfter Flamme erhitzen, aufschäumen und abkühlen lassen.

Die Kaffee-Sahne über den Meringen verteilen, dann mit Sabayon bedecken. Vor dem Servieren einige Stunden in den Kühlschrank stellen.

Kaffee-Ricotta-Creme

Zutaten: 4 Eier, 150 g weiche Butter, 150 g Puderzucker, ½ Gläschen Weinbrand, 500 g Ricotta, 1 Packung Löffelbiskuits, 4 Täßchen extra starker Espresso, 150 g Bitterschokolade
Die Eier trennen. Eigelbe verquirlen und mit der weichen Butter cremig schlagen. Puderzucker und Weinbrand einrühren, dann die Ricotta und die zu Schnee geschlagenen Eiweiße mit einem Löffel unterziehen. Eine Form mit den Löffelbiskuits auslegen und mit Espresso tränken. Die Hälfte der Creme einfüllen und gefrieren lassen. Die Schokolade reiben und unter die restliche Creme rühren. Die Schokoladencreme ebenfalls in die Form füllen und gefrieren lassen.

Kaffee-Flan

Zutaten: 6 Eier, 300 g Zucker, 250 ml extra starker Espresso, 50 g Kaffeecreme

Eier trennen. Eiweiße zu Schnee schlagen, dann vorsichtig 200 Gramm Zucker und die Eigelbe unterziehen und gut vermengen. Den Kaffee und die Kaffeecreme unterrühren. Den restlichen Zucker in einer Puddingform karamelisieren und fest werden lassen. Dann die Creme einfüllen. Im Wasserbad garen.

Kaffee-Eis

Zutaten: 250 ml Milch, 10 g löslicher Kaffee, 250 g Sahne, 1–2 Teelöffel Vanilleextrakt, 4 Eier, 150 g Zucker

Milch und Kaffeepulver in einen Topf gießen und aufkochen. Vom Herd ziehen und die Sahne sowie das Vanilleextrakt einrühren. Abkühlen lassen.

Eier trennen. Eigelbe mit dem Zucker in einem zweiten Topf schaumig rühren. Die Milch-Sahne-Mischung mit einem kleinen Holzlöffel vorsichtig unterziehen.

Den Topf nun auf den Herd stellen. Bei mäßiger Hitze unter ständigem Rühren erwärmen, aber nicht zum Kochen bringen.
Die Creme muß dabei schön gleichmäßig eindicken.
Vom Herd nehmen und in eine Schüssel füllen. Unter regelmäßigem Rühren abkühlen lassen.
In die Eismaschine geben und gefrieren lassen.
Im Gefrierschrank bei –14 bis –16 Grad aufbewahren.

Kaffeesauce

Zutaten: 1 Eßlöffel Schmalz, 1 Zwiebel, 2 Knoblauchzehen, 2 Mohrrüben, 1 Teelöffel Kreuzkümmel, 2 Eßlöffel Mandeln, 1 Eßlöffel geröstete Haselnüsse, 1 Teelöffel Zimt, 2 Gewürznelken, 2 scharfe getrocknete Pfefferschoten, 60 g Kaffeebohnen, 100 ml Brühe, 1 Eßlöffel Zucker
Das Schmalz in einer Pfanne zerlassen. Zwiebel, Knoblauch und Mohrrüben hauchfein hacken und im heißen

Schmalz andünsten. Danach den Kreuzkümmel, die Mandeln und Haselnüsse in die Pfanne geben. Mit Zimt, Nelken und den möglichst fein zerstoßenen Pfefferschoten würzen. Vorsichtig umrühren und bei ganz milder Hitze garen.
Nun den sehr fein gemahlenen Kaffee einstreuen. Die Pfanne vom Herd nehmen und alles rasch durchrühren. Die Brühe angießen und gut vermischen. Mit Zucker süßen.
Wieder auf den Herd stellen und kurz durchkochen.
In ein Saucenschiffchen gießen und servieren.

Kaffee-Halbgefrorenes

Zutaten: 250 ml Milch, 75 g Zucker, 2 Eier, 30 g Mehl, 1 Teelöffel löslicher Kaffee, 1 Eßlöffel Rum, 100 g Puderzucker, 1/2 Zitrone, 500 g Schlagsahne, 1 Handvoll Kaffeebohnen
Aus Milch, Zucker, Eigelben, Mehl, Pulverkaffee und Rum eine Creme bereiten. Auf kleiner Flamme erwärmen und vom Herd nehmen, bevor die Masse zu kochen beginnt.

Eiweiße zu Schnee schlagen. Mit Puderzucker und Zitronensaft verfeinern. Aus Eischnee und Puderzucker eine Meringe backen. (Sie können die Meringe auch bereits fertig kaufen.)
Die Creme in eine Schüssel füllen und die Meringe dazugeben. Nun einen Großteil der geschlagenen Sahne unterziehen.
Die Masse in Portionsförmchen füllen und mindestens sechs Stunden durchkühlen lassen.
Vor dem Servieren mit der restlichen Sahne und den Kaffeebohnen verzieren.

Tiramisù

Zutaten: 6 Täßchen starker Espresso, 4 Eigelbe, 150 g Zucker, 4 Eßlöffel trockener Marsala, 250 g Mascarpone, 250 g frische Sahne, 24 Löffelbiskuits, ungesüßtes Kakaopulver
Den Espresso erkalten lassen. Die Eigelbe im Wasserbad mit dem Zucker und dem Marsala zur Sabayon aufschlagen. Die Sabayon unter den mit Sahne vermischten Mascarpone rühren.

Eine rechteckige Form mit einem Drittel der Creme ausstreichen. Ein Dutzend Löffelbiskuits darüberschichten. Mit dem Espresso tränken und mit einem Hauch Kakao bestäuben.
Eine zweite Schicht Creme einfüllen, die wieder mit Löffelbiskuits belegt wird.
Wie beschrieben fortfahren. Mit der restlichen Creme abdecken.
Im Kühlschrank etwa drei Stunden durchkühlen lassen und kalt servieren. Nach Belieben mit Bitterschokoladeraspeln garnieren.

Ligurische Kaffeetorte

Zutaten: 4 Eier, 200 g Zucker, 250 g Mehl, 200 g weiche Butter, 200 g gehackte Mandeln, 30 g Kartoffelstärke, 60 ml Kaffeelikör
Die Eier mit dem Zucker dickschaumig schlagen. Nach und nach das Mehl, die Butter und die gehackten Mandeln unterrühren. Alle Zutaten zu einem weichen Teig verarbeiten. Nun die Stärke hinzufügen und abschließend den Kaffeelikör langsam einrühren.

Eine runde Kuchenform buttern und den Teig einfüllen.
Bei 170 Grad etwa 45 Minuten abbacken.

Kaffee-Zimt-Torte

Zutaten: $^1/_2$ l Milch, 150 ml extra starker Espresso, 400 g Mehl, 300 g Zucker, 100 g weiche Butter, 20 g Trockenhefe, 1 Prise Zimtpulver, 1 Prise Vanillin, 3 Eier
Butter rechtzeitig aus dem Kühlschrank holen, damit sie sich geschmeidig verarbeiten läßt. Milch und Kaffee vermischen. Das Mehl einstreuen und gut verrühren, damit sich keine Klümpchen bilden. Zucker, Butter, Hefe, Zimt und Vanillin hinzufügen. Mit einem kleinen Holzlöffel sorgfältig verrühren.
Die Eier trennen. Ein Eigelb unterrühren, die anderen beiden Eigelbe zunächst verquirlen und dann auch einrühren. Eiweiße zu Schnee schlagen und unter den Teig ziehen. Den Teig in eine runde, gebutterte Form füllen. An einem warmen Ort etwa zwei Stunden gehen lassen.

Dann im 160 bis 170 Grad heißen Ofen eine gute Stunde backen. Die fertige Torte unbedingt einige Stunden auf einem Kuchengitter ruhen lassen.

Kaffee-Kakao-Kuchen

Zutaten: 200 g Zucker, 100 g ungesüßter Kakao, 300 g Mehl, 250 ml Milch, 2 Eigelbe, 1 Teelöffel Salz, 1 Prise Zimt, 50 g Kaffeepaste, 15 g Backpulver, Butter für die Form, Zucker zum Bestäuben

Zucker, Kakao und Mehl vermengen. Die Milch, die Eigelbe, Salz, Zimtpulver und die Kaffeepaste hinzufügen und alles zu einem gleichmäßigen Teig verarbeiten. Das Backpulver einrühren und nochmals gut durchmischen. Eine Kuchenform buttern und den Teig einfüllen. Bei 170 Grad eine knappe Stunde abbacken. Den Kuchen abkühlen lassen und mit Zucker überstäuben.

Black Russian

Zutaten: 3 Teile Kaffeelikör (z. B. Tia Maria oder Caffè Sport Borghetti), 7 Teile russischer Wodka, Eis
Der Geschmack des Cocktails steht und fällt mit der Qualität des Kaffeelikörs. Black Russian wird normalerweise im Tumbler verrührt und über die Eiswürfel gegossen.

Kaffee-Elixier

Zutaten: 200 g sehr fein gemahlener Kaffee, 1 Glas Jamaika-Rum, 2 l 60%iger Alkohol, 1 Prise Zimt, 750 g Zucker
Den sehr fein gemahlenen Kaffee in eine Terrine geben. Mit Rum übergießen. Mindestens drei Tage ziehen lassen. Dann mit zwei Liter sechzigprozentigem Alkohol aufgießen und mit Zimt verfeinern. In einem Topf den Zucker mit dreiviertel Liter Wasser zu einem Sirup verkochen. Über das Alkoholgemisch gießen. Gut vermengen. Etwa eine Woche in einem gut verschlossenen Behälter ziehen lassen. Filtern und auf Flaschen ziehen.

Kaffee-Granité mit Sahnehäubchen

Zutaten: 100 g löslicher Kaffee, 150 g Zucker, 150 g geschlagene Sahne
Den Kaffee und den Zucker in einem halben Liter Wasser aufkochen, dann die Wärmezufuhr verringern und auf kleiner Flamme einige Minuten weiterköcheln lassen. Abkühlen lassen und in den Gefrierschrank geben, bis die Masse zu sulzigem Eis erstarrt. Das Granité wird in gut gekühlte Gläser gefüllt. Auf den Boden der Gläser einen Klecks Schlagsahne setzen. Granité auffüllen und ein Sahnehäubchen obenaufsetzen.

Grog

Zutaten pro Person: 1 Täßchen kochend heißer Espresso, 1 Teelöffel Zucker, 1 Stück Zitronenschale, 1 Teelöffel heißer Weinbrand (oder Cognac)
Den heißen Espresso in ein Grogglas gießen. Zucker, Zitronenschale und heißen Weinbrand hineinrühren.

Irish Coffee

Zutaten pro Person: 1 Täßchen Espresso, 1 Teelöffel Zucker, 1 Glas Whiskey, 1 Eßlöffel Schlagsahne
Den Espresso nach Möglichkeit mit einer Maschine und nicht in der Kanne zubereiten, denn so erhalten Sie den schöneren Schaum. In einen Kaffeebecher füllen. Zuckern und mit Whiskey aufgießen.
Mit einem Sahnehäubchen abdecken.

Wiener Kaffee

Zutaten: gemahlener Kaffee für 4 Personen, 4 Teelöffel Zucker, 4 Eßlöffel Vollmilch, 4 Eßlöffel geschlagene Sahne
Wie gewohnt Kaffee für vier Personen kochen. Den Kaffee auf Tassen verteilen und zurückhaltend zuckern. In den Kühlschrank stellen und erkalten lassen. Den Kaffee nun in ein Glas oder in eine größere Tasse umgießen, einen Löffel Milch einrühren und einen Klecks geschlagene Sahne obenaufsetzen.

BIBLIOGRAPHIE

A. Brillat-Savarin, *Physiologie du Goût*, Paris 1797

L. Van Delden, *La culture du café*, Den Haag 1885

B. Belli, *Il caffè*, Mailand 1910

P.L. Levati, *Vita genovese dal 1699 al 1722*, Genua 1912

L. Manetti, *Manuale del droghiere*, Mailand 1926

L. Valerio, *Caffè e derivati*, Mailand 1927

P. Bargellini, *Caffè Michelangiolo*, Florenz 1944

N. Barber, *I signori del Corno d'Oro*, Mailand 1974

A. Petacci, *La cucina della mezzaluna*, Mailand 1974

A. Ravaglioli, *Roma, vedere e capire*, Rom 1980

A. Zorzi, *Una Città, una Repubblica, un Impero*, Mailand 1980

Comitato Italiano del Caffè, *Indagine sul mercato del caffè in Italia*, o.O. 1984

T. Mauger, *The Bedouins of Arabia*, Paris 1987

E. Casati, G. Ortona, *Il caffè*, Bologna 1990

INHALT

Eine lange Tradition

Herstellung und Geschichte des Kaffees

Kultur und Kaffee

Rezepte

GENIESSER BIBLIOTHEK

Jeder Band entführt in die wunderbare Welt von Speisen und Getränken mit ihrer Geschichte, Verwendung und köstlichen Rezepten.

Unser gesamtes Programm finden Sie unter:
www.verlagshaus.com

FLECHSIG

Printed in Italy